NEUE LOW-BUDGET-HÄUSER

Thomas Drexel

NEUE LOW-BUDGET-HÄUSER

Bauen unter 225.000 Euro

Deutsche Verlags-Anstalt

INHALT

LOW-BUDGET-HÄUSER MIT ANSPRUCH UND QUALITÄT

Günstig und gut bauen für wenig Geld – geht das überhaupt? Diese oft gestellte Frage ist dann eindeutig mit Ja zu beantworten, wenn das Hausbauprojekt so umsichtig in Angriff genommen wird wie bei den Beispielen dieses Buchs. Die 20 hier vorgestellten, neuen Low-Budget-Häuser bieten großen, teils aber auch kleineren Familien, Paaren und Singles viele beispielhafte Vorlagen für ihr eigenes Projekt. Gespart wird hier überhaupt nicht an der Qualität, sondern nur am Finanzvolumen – also Bauen mit finanziellem Mehrwert bei bester Architektur!

Durchgängige Raumbeziehungen ohne überflüssige Wände und Türen tragen im kostengünstigen Haus nicht nur zum Kostensparen bei, sondern weiten die flächenmäßig eher kleinen Räume zusammen mit großzügigen Glasflächen auch visuell (Planung: Andreas Petermann Architekt).

Jedes einzelne vorgestellte Projekt bleibt mit seinen Gesamtkosten brutto, von der Aushebung der Baugrube bis zum letzten Pinselstrich, unter 225.000 Euro – darunter gibt es auch Häuser mit Kosten deutlich unter 200.000 Euro und in einigen Fällen sogar deutlich unter 150.000 Euro. Darin inklusive sind alle Arbeiten, Honorare, Nebenkosten und Steuern. Und hier handelt es sich nicht etwa um »kleine Hütten«, sondern um architektonisch und bautechnisch hochwertige Einfamilienhäuser mit ausgesprochen wohnlicher Anmutung, zum Teil sogar um energetisch überdurchschnittlich effiziente Gebäude und Passivhäuser. Überflüssigen Luxus gibt es in diesen Low-Budget-Häuser nicht, sehr wohl aber eine hohe Wohnqualität.

Der Schlüssel zum Glück liegt beim kostengünstigen Hausbau nicht in einer einzelnen Zauberformel, sondern in einem stimmigen und konsequent verfolgten Planungs- und Ausführungskonzept, das bei der Auswahl eines geeigneten Grundstücks und eines kompetenten Planers beginnt, auf einer strengen Auswahl des Raumprogramms, der Kubatur und der eingesetzten Produkte fußt, die Analyse des Gewünschten mit dem Machbaren abgleicht und eine konsequente Kontrolle der Kosten und Arbeiten einschließt.

Ausführliche allgemeine Informationen, informative Texte, hochwertige Fotografien, übersichtliche Pläne und genaue Baudatenangaben bei der Projektdarstellung sowie Planer- und Bezugsadressen im Anhang machen das Buch zum umfassenden Ratgeber zum Thema kostengünstiges Bauen mit Anspruch.

PLANUNG ALS SCHLÜSSEL ZUM ERFOLG

Die Einhaltung des vorgegebenen Kostenrahmens funktioniert nur dann, wenn der Hausbau bis in die Details sorgfältig geplant wurde – und dies ab einem möglichst frühen Zeitpunkt. Zu einer gewissenhaften Vorbereitung gehören die Ermittlung der eigenen Wünsche und Möglichkeiten, die rechtzeitige Beiziehung eines kompetenten und sparerfahrenen Planers, die Auswahl eines optimalen Grundstücks, ein angepasstes Finanzierungskonzept und die Nutzung von allen verfügbaren Fördermöglichkeiten.

PLANUNG MIT KONZEPT – DEN HAUSBAU AUF DEN RICHTIGEN WEG BRINGEN

- Ganzheitliche Planung – von der Grundstücksauswahl bis zum Einzugstermin
- Frühzeitige Klärung der Bebaubarkeit und Erschließungssituation des Grundstücks (vor dem Kauf)
- Frühzeitige Beiziehung eines Bausachverständigen/ Architekten, um spätere Bau- und Kostenprobleme zu vermeiden
- Detaillierte und ehrliche Bestandsaufnahme der eigenen finanziellen Möglichkeiten (ohne zu positive Zukunftsprojektionen)
- Formulierung einer verbindlichen Kostenobergrenze (Gesamtkosten brutto) mit Einplanung eines ausreichenden Sicherheitsbehalts
- Erstellung einer Wunschliste, aus der zusammen mit dem Planer alle verzichtbaren Elemente eliminiert werden
- Aufstellung eines Finanzierungsplans
- Abschluss eines Kreditvertrags mit bestmöglichen Konditionen, unter Einschluss aller verfügbaren Fördermöglichkeiten
- Spätestens jetzt Beauftragung eines kompetenten Architekten mit der Entwurfsplanung, Kostenermittlung und am besten auch mit der Bauleitung
- Überprüfung des Konzepts auf Umsetzbarkeit und Finanzierbarkeit vor der Baueingabe, ggf. Korrektur
- Vermeidung zusätzlicher Wünsche nach Fertigstellung der Bau- und Finanzierungsplanung

WUNSCH UND WIRKLICHKEIT ABGLEICHEN

Zusammen mit dem richtigen Architekten gelingt es am besten, die eigenen Träume und Vorstellungen mit den im Rahmen des eigenen Budgets machbaren Maßnahmen abzugleichen. Am besten, die Bauherren stellen ihre Anforderungen an das eigene Haus hinsichtlich Raumprogramm, Grundriss, Materialien, Architektur etc. über einen längeren Zeitraum schriftlich zusammen – idealerweise unter Einbeziehung aller Familienmitglieder. Der Architekt kommt dann hinzu, um die technische und finanzielle Machbarkeit zu überprüfen und über Alternativen zu sprechen. Die hieraus gewonnenen Erkenntnisse und Vereinbarungen sind eine sehr gute Grundlage für die Vorentwürfe und die Kostenermittlung. Ein solch analytisches Vorgehen, das zu einem möglichst frühen Zeitpunkt erfolgen sollte, gewährleistet ein in sich kohärentes und kalkulierbares Planungskonzept, das dann nicht im weiteren Verlauf ständig angepasst werden muss – sei es, dass im Nachhinein zusätzliche Wünsche formuliert werden oder Komponenten aus Kostengründen herausfallen müssen. Solche Nachbesserungen sind einer der Hauptgründe dafür, dass es immer wieder zu beträchtlichen Budgetüberschreitungen und teils sogar zu existentiellen Problemen kommt.

DER KOMPETENTE ARCHITEKT ALS KOSTENSPARER

Die eben behandelte Rolle des Architekten als Moderator der Bauherrenwünsche ist bei weitem nicht seine einzige Aufgabe, zeigt aber schon recht deutlich, welche Bedeutung ein gutes Verständnis und Vertrauensverhältnis zwischen Bauherrschaft und Planer hat. Daher ist es von größter Wichtigkeit, den passenden Planer zu finden, der auch den deutlichen Willen zum Kosten sparenden Bauen und die entsprechende Erfahrung mitbringen sollte. Die Empfehlung von Bekannten oder die Beispiele in diesem Buch helfen hier schon ein gutes Stück weiter, um den Architekten in der eigenen Region zu finden. Teils besteht auch die Möglichkeit, mit weiter entfernt tätigen Architekten zu planen und ein Büro vor Ort mit der Bauleitung zu beauftragen. Grundsätzlich ist es empfehlenswert, dem Architekten ein Budget mit ausreichendem Sicherheitsbehalt zu nennen, denn geringe Kostenüberschreitungen sind nicht immer völlig zu vermeiden und müssen so nicht zu Nachfinanzierungen führen. Ansonsten wird durch eine exakte Ausarbeitung der Pläne – am besten mit entsprechenden Detaillierungen, unter Umständen auch mit Modellen und Renderings – ein optimales Verständnis der Pläne ermöglicht. Ein guter Planer spricht die gleiche Sprache wie die Bauherren, wenn er ihnen die ermittelten Kosten bezogen auf die für sie tatsächlich anfallenden Gesamtkosten inklusive aller Honorare, Steuern und Nebenkosten »übersetzt«, denn dies ist letztlich tatsächlich relevant.

ENTWURFSQUALITÄT ALS ERFOLGSVORAUSSETZUNG: STELLUNG IM RAUM, ÄUSSERE GESTALT UND KONSTRUKTION

Wichtig ist die Rolle des Architekten vor allem insoweit, als er mit seiner Kompetenz in der Lage ist, ein optimal auf die baulichen und finanziellen Verhältnisse abgestimmtes Haus zu geringstmöglichen Kosten zu planen. Dies betrifft etwa die Ausrichtung des Gebäudes, die attraktive Blickbeziehungen inszenieren und unattraktive ausblenden, aber auch die effiziente und kostenlose passive Nutzung der Sonnenenergie durch möglichst nach Süden orientierte Verglasungen ermöglichen und durch die geschlossene Gestaltung sonnenabgewandter Seiten den bestmöglichen Wärmeschutz gewährleisten sollte. Das preiswerte Architektenhaus zeichnet sich zumeist auch durch ein günstiges Verhältnis von Außenoberflächen zum Raumvolumen aus, was sowohl die Bau- als auch die Betriebskosten minimiert. Ferner sollte der Planer die auf das praktische Geschick und die zeitlichen Möglichkeiten der Bauherren angepasste Baukonstruktion finden; so eignet sich für versierte Selbstbauer besonders eine Pfosten-Riegel-Konstruktion, die vom Fachbetrieb aufgestellt, aber teils in Eigenleistung weiter bearbeitet werden kann. Kommt es – etwa aufgrund laufender Mietzahlungsverpflichtungen – eher auf kurze Bauzeiten an, ist ein hoher werkstattseitiger Vorfertigungsgrad durch Fachbetriebe die bessere Lösung.

BAUBEGLEITUNG UND KREATIVITÄT

Unabhängig von einer schnelleren oder langsameren Bauweise sorgt der Architekt für jeweils optimierte Abläufe auf der Baustelle, indem er die Gewerke so organisiert und koordiniert, dass möglichst wenig Ausfallzeit entsteht, und behält die Kostenentwicklung immer im Blick. Beim günstigen Haus sollte er im Besonderen in der Lage sein, nach Einsparmöglichkeiten im Detail zu suchen und diese zu nutzen, beispielsweise mittels bautechnischer Lösungen, die sowohl die baurechtlichen Vorgaben als auch den Sparwunsch der Bauherren berücksichtigen – beispielsweise, wenn ein partielles anstelle eines vollständigen Satteldachs realisiert werden kann. Unkonventionelle Lösungen wie diese erfordern allerdings oft hohen Einsatz und viele Gespräche, mithin also sehr engagierte Architekten.

TRAUMLAGE STATT ALPTRAUM: DAS RICHTIGE GRUNDSTÜCK AUSWÄHLEN

Die Suche nach dem richtigen Grundstück gestaltet sich trotz zahlreicher Angebote auch im Internet nicht immer ganz einfach, zumal gerade in Ballungsräumen nur wenige Parzellen an private Interessenten gehen und zudem grundsätzlich die Zahl der ausweisbaren Baugebiete zurückgeht. Grundsätzlich sollte für Grund und Boden nicht mehr als etwa ein Viertel des Gesamtbudgets ausgegeben werden. Ein günstiger Preis in begehrten Lagen ist am einfachsten durch Verzicht auf Größe zu erzielen, denn diese ist wie auch beim Gebäude selbst Luxus. Um einen ausreichend großen Garten übrig zu behalten, wird dann in der Regel zwei- oder dreigeschossig gebaut. Unbebaute Grundstücke sind zumeist dann günstig, wenn sie sich im ländlichen Raum befinden, können aber durch die oft notwendige Anschaffung eines zweiten oder gar dritten Autos nicht selten die Kosten für die Familie beträchtlich nach oben treiben und so die Gesamtrechnung ins Negative verkehren. Preislich attraktiv kommen Kaufwillige auch in begehrten Gebieten an schwer verkäufliche Restgrundstücke, die aber oft den Nachteil einer unattraktiven Lage, eines ungünstigen Zuschnitts (extrem schmal, unregelmäßig) oder eines problematischen Bauuntergrunds (felsig, vernässt) besitzen. Damit ist die die Bebaubarkeit erschwert und kann beträchtliche Mehrkosten verursachen, indem etwa das Haus nicht optimal ausgerichtet werden kann, aufwändig gegründet oder bei einem Keller eine teure wasserdichte Wanne hergestellt werden muss. Schon vor dem Erwerb sollten die Einsparung beim Grundstückserwerb und die etwaigen Mehrausgaben kalkulatorisch so genau als möglich ermittelt und gegenübergestellt werden.

Da für die Preisgestaltung von Grundstücken in erster Linie ihre Lage ausschlaggebend ist, sind dabei große regionale und auch lokale Unterschiede vorhanden. Der Blick in die Immobilienportale im Internet oder die örtliche Tageszeitung verschafft hier schon einen guten Einblick. Zudem existieren öffentliche Statistiken über Bodenrichtwerte – so genannte Kaufpreissammlungen –, die im Abstand von ein bis zwei Jahren von Ländern und Kommunen neu veröffentlicht werden. Hierbei werden Durchschnittswerte aus mehreren Verkäufen eines Gebiets – teils unter Einbeziehung der Maße und Bebaubarkeit von Parzellen – in lokale Richtwerte umgerechnet. Ferner existieren teilweise auch schon flächendeckende Bodenrichtwertinformationssysteme (www.Boris.NRW/www.Boris-plus.NRW). Ansonsten ist man häufig darauf angewiesen, sich über die Websites der Kommunen zu informieren. Wohnt man bereits im Viertel, kennt man im Normalfall die aktuell erzielten Grundstückspreise ohnehin aus Gesprächen mit Bekannten und Freunden.

BAUEN IN GEWACHSENEN SIEDLUNGSGEBIETEN

Eine gute Alternative zum neu ausgewiesenen Baugrundstück stellt der Erwerb einer Immobilie in einem älteren, gewachsenen Siedlungsbereich dar. Soweit Altbestand vorhanden ist, kann dieser je nach Zustand und Größe renoviert, umgebaut oder erweitert, bei schlechter Bausubstanz und fehlender denkmalpflegerischer Qualität aber auch durch einen kompletten Neubau ersetzt werden. Der Bau auf solchen Parzellen hat den Vorteil einer vorhandenen Erschließung (für Wasser/Abwasser, Strom, ggf. Gas) und dadurch eingesparter Kosten, die im Normalfall bei mehreren Tausend Euro liegen. Ansonsten muss vor dem Erwerb immer beim zuständigen Bauamt erfragt werden, welche Erschließung vorhanden ist beziehungsweise wann sie durchgeführt wird und mit welchen Kosten zu rechnen ist. Diese sind unter anderem von der Entfernung der Leitungen zum Gebäude abhängig, insofern ist hier also auch das baurechtlich vorgeschriebene Baufenster von Belang für die Erschließungskosten. Auch sonst wirken sich baurechtliche Festsetzungen auf die Baukosten aus, indem etwa häufig Satteldächer anstelle meist günstigerer Flachdächer vorgeschrieben sind.
Immer wichtiger wird auch die Nachverdichtung bestehender Siedlungen, wo sich zumeist noch viele Parzellen mit zugehörigen großen Gärten finden, die geteilt und mit einem zusätzlichen Wohnhaus bebaut werden können, soweit dies baurechtlich zulässig ist. Grundsätzlich ist die Nachverdichtung aber baupolitisch gewünscht und wird daher von Seite der Behörden im Normalfall wohlwollend behandelt. Hier kann es sich sogar einmal lohnen, von sich aus auf Grundbesitzer zuzugehen und ihnen einen entsprechenden Vorschlag zu unterbreiten. Am besten funktioniert es selbstverständlich, wenn die Gelegenheit besteht, ein im Familienbesitz befindliches Grundstück, etwa das der Eltern, ohne weitere genehmigungstechnische und notarielle Umwege mit einem weiteren Haus zu bebauen. Das bietet dann auch den Vorteil, dass bestehende Heizsysteme, soweit sie noch zeitgemäß sind, »angezapft« werden können.

KAUFVERTRAG UND AUFGABEN DES NOTARS

Ist man sich mit dem Verkäufer einig geworden, steht der Abschluss eines notariellen Kaufvertrags an, der allein rechtlich verbindliche Wirkung hat. Gegebenfalls besteht die Möglichkeit, einen Vorvertrag abzuschließen. Im Allgemeinen wird dem Käufer das Recht zugebilligt, einen Notar seiner Wahl auszusuchen, aber dies kann zwischen den Parteien einvernehmlich geregelt werden. Es wird zunächst ein erster Besprechungstermin zu vereinbaren sein, bei dem am besten alle für den Vertrag relevanten Unterlagen mitgebracht und dem Notar alle benötigten Informationen übermittelt werden. Hier sollten spätestens noch auf dem Grundstück liegende Rechte (z.B. von Kreditinstituten), Belastungen oder die Nutzung einschränkende Faktoren bekannt gemacht werden, damit der Notar alle einem Verkauf noch im Wege stehenden Hindernisse beseitigen und beispielsweise Hypotheken aus dem Grundbuch löschen lassen kann. Der ausgearbeitete Vertragsentwurf sollte dann vom Notar beiden Parteien zur Überprüfung und zur gegebenenfalls notwendigen Korrektur zugeleitet werden, um dann binnen angemessener Frist den Termin für die Vertragsunterzeichnung ansetzen zu können. Nach der Unterzeichnung und der von den Parteien bestätigten Zahlung der Kaufpreissumme beziehungsweise der erfolgten Schlüsselübergabe veranlasst der Notar die Eintragung der Eigentumsrechte im Grundbuch.

DAS LOW-BUDGET-HAUS OPTIMAL FINANZIEREN

Auch bei einem günstig geplanten Haus besteht in der Regel ein Finanzierungsbedarf. Allerdings sollte nur so viel finanziert werden, wie auch gebraucht wird, um unnötige Zins- und Tilgungsbelastungen zu vermeiden. Gleichzeitig sollte die Finanzierungssumme so bemessen sein, dass Finanzierungslücken mit der Folge einer teuren Nachfinanzierung vermieden werden. Deshalb hat es doppelt Sinn, seine Wünsche auf das Nötige zu reduzieren und den Abschluss der

Alte Siedlungsgebiete bieten oft große Gärten, die bei behördlichem Einverständnis zur Bebauung mit neuen Wohnhäusern genutzt werden können.

Finanzierung auf Grundlage einer vorliegenden, nach Maßgabe des Planungsstands möglichst genauen Kostenermittlung vorzunehmen.
Am verbreitetsten ist das so genannte Annuitätendarlehen, das sich aus Zinsanteil und Tilgungsanteil zusammensetzt. Spätestens am Ende der Gesamtlaufzeit (meist 25–30 Jahre) ist der Kredit vollständig getilgt. Von Seiten des Kreditinstituts wird das Annuitätendarlehen in aller Regel mit einer zu seinen Gunsten eingetragenen Hypothek abgesichert (daher auch Hypothekendarlehen), um bei etwaigen Zahlungsschwierigkeiten des Kreditnehmers Zugriff auf die Immobilie zu erhalten. Dabei verringert sich mit der Dauer der monatlich erfolgenden Zahlungen der Kreditbetrag, die Höhe der Zahlungen für Zinsen und Tilgung vermindert sich so sukzessive. Je länger die Laufzeit der Zinsbindung – meist 5 oder 10 Jahre –, desto höher der Zinssatz. Der Einstieg in die Finanzierung empfiehlt sich nach Möglichkeit in einer Zeit moderater Zinsen, was dann auch längere Laufzeiten sinnvoll macht. In einer Hochzinsphase sind kurze Laufzeiten zu bevorzugen. Für Bauherren mit niedrigem Einkommen ist eine jährliche Tilgung von 1% empfehlenswert, bei sicherem höheren Verdienst sind durchaus auch 2 oder 3% Tilgung möglich und empfehlenswert, da dann das Kreditvolumen schneller abgebaut und die Zahlungsbelastungen insgesamt vermindert werden. Günstige Modalitäten für Sondertilgungen sind wichtig, um den Kredit nach den persönlichen Möglichkeiten und ohne hohe Zuschläge in größeren Tranchen rückführen zu können. Gebühren und Nebenkosten (etwa für die Schätzung der Immobilie) sollten möglichst gering sein. In jedem Fall empfiehlt es sich, sich vor dem Abschluss des Kreditvertrags an eine regional zuständige Verbraucherzentrale beziehungsweise Verbraucherberatungsstelle zu wenden.

FINANZIELLE FÖRDERUNGEN UND VERGÜNSTIGUNGEN NUTZEN

Bevor die Angebote von Kreditinstituten, Bausparkassen oder Versicherungen eingeholt werden, ist eine gewissenhafte Vorinformation über aktuelle Fördermöglichkeiten unerlässlich, um keine Vorteile zu verschenken. Zinsgünstige Darlehen oder Zuschüsse gibt es in Deutschland, der Schweiz und Österreich beim Neubau insbesondere für energetisch besonders effiziente Architektur und für den Einsatz nachhaltiger Energiesysteme. Im deutschen Fall sind die KfW und die BAFA wichtige Adressen (siehe dazu auch das Adressverzeichnis im Anhang). Darüber hinaus bestehen auf Ebene des Bundes, der Bundesländer und Kantone, der regionalen Gebietskörperschaften wie Landkreisen und Kommunen, aber auch Energieversorgern und Herstellern eine Reihe unterschiedlicher Förderangebote, die zum Teil auch miteinander kombinierbar sind. Aufgrund der jeweils häufig wechselnden Bestimmungen ist eine frühzeitige Vorinformation sehr zu empfehlen, zumal Mittel aus Programmen teils schon früh erschöpft sind oder erst nach Bewilligung mit der Maßnahme begonnen werden darf.

SO GROSS WIE NÖTIG, SO KLEIN WIE MÖGLICH: KOMPAKTHEIT SPART

Die vielleicht wichtigste Regel beim Low-Budget-Bauen lautet, nur so groß zu bauen, wie der Bedarf ist. Das hört sich einfach und zwingend an, wird aber in sicherlich mehr als 90% der errichteten Wohnhäuser missachtet. Liegt ein günstiges Verhältnis von Außenoberflächen zum beheizten Volumen vor, spart dies Geld beim Bau wie auch im Betrieb. Kosten bremsend wirkt sich auch der Verzicht auf unnötige Vor- und Rücksprünge und Bauteile wie z.B. Erker aus, wodurch übrigens in der Folge auch wieder deutlich niedrigere Heizkosten zu zahlen sind. Die Kunst des Weglassens, und zwar des Weglassens unnötiger und teils sogar disfunktionaler Elemente, ist also der Schlüssel zum günstigen Bauen und Wohnen.

GRUNDRISS MIT MUT ZUR OFFENHEIT: DAS RAUMPROGRAMM OPTIMAL GESTALTEN

Nicht nur die architektonische Hülle, sondern auch das darin eingeschriebene Raumprogramm ist entscheidend für das Erreichen des Sparziels: Denn bei einem Haus mit optimalem Grundriss, das heißt überwiegend offenen Raumsituationen mit wenigen Innenwänden, weiten Blickachsen, gläsernen Ausblicken in den Garten und so knapp wie möglich bemessenen Erschließungsflächen sind nicht nur die Baukosten niedriger, sondern ist auch die Wirkung der Innenarchitektur eine ganz andere als mit hermetischen und verschachtelten Zimmerfolgen, überflüssig großen Fluren und ausladenden, Geld verschlingenden Treppen-Ungetümen. Um ein Raumprogramm auf das Nötige zu beschränken, bedarf es die Einsicht der Bauherren, um dies optimal umzusetzen, die Kompetenz des Architekten. Das Ergebnis ist aber stets ein Raumempfinden, dass die zumeist eher begrenzte Wohnfläche vergessen macht und deutlich großzügiger wirken lässt, als sie in Wirklichkeit ist.
Selbstverständlich bedarf es abgetrennter Zimmer für die Kinder und für die Eltern, die teils auf einer, teils auf getrennten Ebenen untergebracht werden. Das Elternschlafzimmer darf dabei ruhig etwas kleiner ausfallen, da es ja kein dauerhaft genutzter Aufenthaltsraum ist, während die Kinderzimmer schon zumindest um die 13 m^2 Wohnfläche aufweisen sollten. Besonders große Bedeutung wird im Low-Budget-Haus der Schaffung und Ausnutzung von Raumreserven zuteil, zumal in vielen Fällen kein Keller vorhanden ist. Als Ersatzflächen dienen entweder Schuppen vor dem Haus oder im Garten, daneben sind aber Lagermöglichkeiten im Haus unerlässlich. Hier gilt es, Reserven etwa unterhalb von Treppen und im Bereich von Spitzböden efffizient zu nutzen.

KONSTRUKTIONEN UND BAUTEILE ALS KOSTENBREMSEN

Planerischer Einfallsreichtum hinsichtlich eigener konstruktiver Überlegungen wie auch des geschickten Einsatzes vorhandener Produkte trägt beträchtlich zum Erreichen des Sparziels bei. Ein Beispiel hierfür ist die Wahl einer so geringen Gebäudebreite, dass die vorhandenen Spannweiten den Kosten sparenden Einsatz von Fertigteildecken und Fertigteilbindern für den Dachstuhl erlauben.
Flachdächer mit Bitumenabdichtung und außen liegender Entwässerung sind meist ebenfalls besonders günstig, komplizierte geneigte Dachformen dagegen sehr teuer. Daneben kann aber, wie viele der in diesem Buch vorgestellten Häuser zeigen, auch mit konventionellem Satteldach sehr günstig gebaut werden – beispielsweise dann, wenn das Spitzdach einen einfach konstruierten Dachstuhl mit geringen Querschnitten aufweist und als Kaltdach ausgeführt, das heißt also über dem ersten Obergeschoss gedämmt ist. Dies spart zusätzlich Dämmfläche ein (vgl. dazu das Beispiel auf Seite 112 ff.). Bei begrenzter Wohnfläche wird es jedoch notwendig sein, den Bereich unter Dach einschließlich des Spitzbodens als Wohn- beziehungsweise Lagerraum zu nutzen.
Sowohl von der Industrie angebotene Fertigprodukte als auch vom Handwerker in der Werkstatt oder vor Ort hergestellte Elemente können einen beachtlichen Spar-Beitrag leisten, wenn sie vom Architekten sinnvoll in das Baukonzept integriert werden. So können Beton-Fertigteiltreppen die Geschosse günstig verbinden, die dann nur noch mit Belägen versehen zu werden brauchen. Eine Alternative kann aber auch eine individuell geplante, unaufwändig herzustellende Lösung mit günstigen Werkstoffen sein, beispielsweise Trittplatten aus Multiplex-Platten und Brüstungen aus Stahlseilen.

EINHEITLICH GEFERTIGT UND GESPART

Bei der Betrachtung der Bauprozesse liegt es auf der Hand, dass der Einsatz vieler einheitlicher Bauteile Zeit und Geld einzusparen hilft. Zum einen ergibt sich dies daraus, dass Maschinen hohe Stückzahlen herstellen können, ohne ständig neu eingestellt werden zu müssen, zum anderen vereinfachen sich die Abläufe auf der Baustelle und die dafür benötigte Zeit nimmt ab. Ein gutes Beispiel hierfür sind einheitliche Fassadenausschnitte und Fensterformate.

GÜNSTIGER ZUM GLEICHEN PREIS: BAUPRODUKTE MIT QUALITÄT UND KOSTENVORTEIL

Führt manchen, der auf der Suche nach günstigen Bauprodukten ist, diese gleich in den Baumarkt um die Ecke, so wird dies in der Regel kaum zum ästhetischen und funktionalen, und auch nicht unbedingt zum Sparerfolg beitragen. Stattdessen wird man besser versuchen, in Fachmärkten intensiv nach Sonder- oder Restposten hochwertiger Ware

Grundriss mit Klasse: Essen, Wohnen und Kochen spielen sich in diesem Low-Budget-Haus in einem Raum ab, der Bereich unter der Treppe ist geschickt für die Unterbringung eines WCs genutzt. Der Zugang zur Treppe befindet sich im Bild hinten rechts (Planung: Andreas Petermann Architekt).

GÜNSTIGE BAUPRODUKTE FÜR DAS LOW-BUDGET-HEIM		
Produkt	Einsatzgebiet	Vorteile/Eigenschaften
Holztragwerk	Tragkonstruktion/Gebäudehülle	Hervorragende Eignung für Eigenleistung bzw. Vorfertigung
Beton-Fertigteile	Wände außen und innen, Decken, Bodenplatten, Treppen	Preisgünstig in Material und meist auch bei der Arbeitszeit
Textilvliese	Fassadenverkleidung	Extrem preisgünstig, hervorragende Eignung für Eigenleistung
Aluminium-Trapezbleche, -Wellbleche	Dächer, Fassaden	Gestalterisch harmonisch, geringer Montage-aufwand
Faserzement-Wellplatten	Dachdeckung, teils Fassaden	Verschiedene Farben, geringer Montageaufwand
Faserzementplatten	Fassaden, teils Dächer	Angebot in vielen Farben, geringer Montage-aufwand
OSB-Platten	Gebäudehülle, Innenausbau, als Bodenbelag und Wandinnensicht	Extrem preisgünstig, behandelt auch witterungs-beständig, aussteifende Wirkung, leicht zu bear-beiten und zu streichen
Gippsfaserplatten	Innenausbau (Wandinnensichten, Verschalung von Dachschrägen)	Relativ leicht zu handhaben und zu bearbeiten
Multiplex-Platten	Innenausbau (Treppen, Einbauten)	Sehr günstiger Holzwerkstoff, hohe Belast-barkeit
Lärchenholz-Bretter	Fassadenverkleidung, Balkon- und Terrassenbeläge	Witterungsresistent, unbehandelt einsetzbar
Hobelspäne	Dämmung von Wänden, Dach, Decken und Böden	Sehr preisgünstig, hervorragende Eignung für Eigenleistung, sehr gute Dämmwirkung
Industrie-Parkett	Bodenbeläge im Wohnraum	Sehr widerstandsfähig, preisgünstiger Massiv-holzbelag
Stahlseile	Als Geländer- und Brüstungsfüllung	Innen und außen einsetzbar

zu suchen und bekommt dann durchaus oft wunderschöne Naturschiefer- oder Massivdielenböden zu einem Preis, der nur wenig über dem von Billigware liegt. Zudem ist zu bedenken, dass Materialpreise oft nur einen kleinen Teil der Gesamtinvestition ausmachen und der Arbeitslohn teils höher zu Buche schlägt, so etwa bei Fliesenlegerarbeiten. Häufig finden sich günstige Angebote hochwertiger Böden, Badkeramik oder Armaturen auch im Internet.
In seltenen Ausnahmefällen müssen sehr günstige Produkte im Einzelfall bauaufsichtlich zugelassen werden, so etwa als Dämmung einsetzbare Hobelspäne. Die damit verbundenen Kosten rechnen sich vor allem dann, wenn viel Dämmmaterial gebraucht und gemeinschaftlich bestellt wird, etwa bei Reihenhaus-Anlagen.

KURZE WEGE, GERINGE KOSTEN

Ähnlich wie bei den Wohn- und Erschließungsflächen gilt auch ansonsten, dass weniger mehr ist. Kurze Wege für Versorgungskanäle vom öffentlichen Raum in das Haus wie auch für die Strom-, Wasser- und ggf. Belüftungsleitungen innerhalb des Hauses, sparsam platzierte Stromschalter und Steckdosen sowie der Verzicht auf technische Features, die teuer und schadensanfällig sind (beispielsweise BUS-Systeme), machen in der Summe einen beträchtlichen eingesparten Betrag aus, der im Grunde nur durch gewissenhaftes Nachdenken und planerische Sorgfalt ermöglicht wird, ohne dass damit im mindesten ein Verlust an Wohnqualität verbunden wäre.

ENERGIESYSTEME MIT ZUKUNFT UND VERNÜNFTIGEM ANSCHAFFUNGSPREIS

Im Rahmen der geltenden, im regelmäßigen Abstand angepassten Gesetze und Verordnungen kann zwischen verschiedensten Energiesystemen gewählt werden. Grundlage ist dabei stets eine energieeffizient geplante Gebäudehülle und auch eine effektive passive Nutzung der Solarenergie über am besten nach Süden ausgerichtete Glasflächen, denn die so gelieferte Wärme erfordert weder eine Heizungsinstallation noch verursacht sie Betriebskosten.
Einige der vorgestellten Häuser bieten noch deutlich mehr, indem sie etwa eine kontrollierte Be- und Entlüftung mit Wärmerückgewinnung besitzen und teils sogar Passivhausstandard erreichen. Für Einfamilienhäuser teure Heizsysteme wie Wärmepumpen, aber auch technisch aufwändige Pelletöfen mit entsprechendem Bedarf an Lager- und Beschickungseinrichtungen kommen für das Low-Budget-Haus im Grunde jedoch nicht in Frage. Gute Alternativen stellen Gas-Brennwertthermen oder im Einzelfall auch Pelletöfen dar, die über eine kleine, meist aufgesetzte Vorratseinheit direkt beschickt werden. Beide Varianten lassen sich mit der Nutzung der Solarthermie über auf dem Dach montierte oder in die Fassade integrierte Module verbinden.

HANDWERKER MIT KOMPETENZ UND SPITZEM STIFT: DIE AUFTRAGSVERGABE

Zur Vorbereitung einer sachgemäßen Ausschreibung der Arbeiten durch den Architekten werden am besten Betriebe um eine Angebotsabgabe gebeten, die positiv bekannt sind oder die zumindest bei der Kontaktaufnahme einen seriösen Eindruck machen. Oft können kleine Betriebe günstiger anbieten als große Unternehmen und liefern nicht selten sehr gute Qualität ab. Kurze Anfahrten sollten sich Kosten mindernd auswirken, beim Bauen in teuren Ballungsräumen kann sich eher die Beauftragung eines außerhalb ansässigen Betriebs rechnen. Selbstverständlich kann im Einzelfall auch über Handwerkerbörsen im Internet gesucht werden, wobei hier im Vorfeld auch stets direkt Kontakt aufgenommen und das Bewertungsprofil genau geprüft werden sollte.

EIGENLEISTUNG ODER VORFERTIGUNG – WAS IST VORTEILHAFTER?

Bereits bei der Aufstellung des Finanzierungsplans gilt es, realistisch zu beurteilen, inwieweit man als Bauherr Eigenleistung einzubringen vermag. Das hängt in erster Linie von zwei Faktoren ab: den eigenen zeitlichen Möglichkeiten und dem vorhandenen handwerklichen Können. Ist man beruflich stark eingespannt oder besteht geringe praktische Erfahrung mit Gewerken, sollte man lieber den Handwerkern den Vortritt lassen. Dies wären dann auch klassische Fälle für den Einsatz vorgefertigter Elemente, die nach dem Entwurf des Planers in der Werkstätte hergestellt werden – beispielsweise ganze Wände in Holzbauweise, teils bereits mit komplettem Schichtenaufbau, Dämmung und vorbereiteten Installationskanälen. So lassen sich bei optimalen Verhältnissen sogar extrem kurze Gesamtbauzeiten von drei bis vier Monaten realisieren, wodurch Mietzahlungsverpflichtungen oder Überbrückungskredite in beträchtlicher Höhe wegfallen. Eigenleistung kann jedoch fast immer bei Malerarbeiten und Gartenanlage eingebracht werden, bei grundlegenden praktischen Kenntnissen sind auch die Verschalung mit Gipsfaserpatten, die Einbringung der Dämmung, die Verlegung von Holzböden und der Bau einfacher Schuppen gut lösbare Aufgaben. Ein mittlerer vierstelliger Betrag kann dann sicherlich eingespart werden. Von Vorteil ist es immer, wenn bei beabsichtigter Eigenleistung die Konstruktionsweise von Seiten der Architekten darauf abgestimmt wird.
Weitergehendes Engagement am eigenen Bau sollte man nur dann in Erwägung ziehen, wenn die eigene Zeit nicht Geld ist beziehungsweise wenn man fachhandwerkliche Kenntnisse besitzt. Diese sollten auch bei der Wahl der Bauweise berücksichtigt werden: Maurer bauen am besten ein Ziegelhaus, für Zimmerleute und Schreiner wird es zur Holzbauweise keine vernünftige Alternative geben. Teils besteht in Absprache mit den beauftragten Handwerkern sogar die Möglichkeit, bei der Vorfertigung in der Werkstatt oder auf der Baustelle mitzuarbeiten und so einen Teil der Kosten zu sparen. Bei diesem Vorgehen lässt sich die selbst investierte Zeit einerseits besser gemäß den zeitlichen Möglichkeiten einteilen, andererseits sollten die Abrechnungsmodalitäten im Vorfeld genau vereinbart werden.

ZÜGIG UND FEHLERFREI: KOSTEN SPAREN DURCH EINEN OPTIMALEN BAUPROZESS

Damit die wunderbare Spar-Architektur nicht nur auf dem Blatt steht, sondern auch praktisch umgesetzt werden kann, bedarf es der fachkundigen Anleitung und Kontrolle. Mit der kompetenten Bauleitung durch den Architekten des Vertrauens wird in aller Regel der größtmögliche Einspareffekt erzielt, denn er kann in Abstimmung mit dem Auftraggeber die Bauabläufe am besten planen und auch zeitlich so aufeinander abstimmen, dass es zu einem straffen Bauprozess kommt. Eine häufige Anwesenheit auf der Baustelle ist unerlässlich, um technische Fragen vor Ort klären und etwaige Ausführungsfehler verhindern zu können. Ferner obliegt dem Planer auch die Kontrolle der Handwerkerrechnungen, die abschließende Kostenfeststellung und nicht zuletzt die Verantwortung für die Bauabnahme sowie etwaige Planungsfehler – ein gar nicht hoch genug einzuschätzender Vorteil, denn letzteres ist durch die Haftpflichtversicherung des Architekten garantiert. Insgesamt tut man als Bauherr gut daran, den Architekten bei positiv verlaufener Zusammenarbeit nach der Baueingabe weiter zu beauftragen, um das Sparkonzept nicht zu gefährden.

KOSTENGÜNSTIG BAUEN IM DETAIL: WICHTIGE RICHTLINIEN MIT SPAR-MEHRWERT

- Planung des Hauses so klein wie möglich, so groß wie nötig – überflüssige Fläche ist Luxus!
- Geringer Anteil von Außenoberflächen im Verhältnis zum beheizten Gebäudevolumen (A/V-Verhältnis) sowie insgesamt geringe Baumassen
- Ggf. Einsparung von Baumassen durch Reihen-, Doppel- oder Viertelhäuser
- Gebäude mit möglichst wenigen unnötigen Vor- und Rücksprüngen oder Anbauten, da dies Baukosten und Heizenergie im Betrieb spart
- Optimale Einpassung des Gebäudes in die Bauparzelle, um unnötige Kosten für Aushub- und Verbauungsarbeiten zu vermeiden und kurze Wege (z.B. für Erschließung, Leitungsverlegung, Wegebau) zu ermöglichen
- Grundriss mit bestmöglicher Raumausnutzung ohne überflüssige Räume (z.B. nicht wirklich benötigte Keller- oder Erschließungsflächen), stattdessen perfekte Ausnutzung des vorhandenen Volumens (Raum unter der Treppe, im Dachspitz etc.) als Stauraum und zur Unterbringung der Haustechnik (z.B. Anschlüsse, Brennwerttherme)
- Verzicht auf unnötige Innenwände und Innentüren
- Bevorzugung standardisierter und einheitlicher Bauteile (z.B. viele identische Fenster- und Türformate)
- Einbau von Öffnungsflügeln nur dort, wo unbedingt nötig – ansonsten Wahl günstigerer Festverglasungen
- Planung raumhoher Verglasungen, da diese den Einbau von Stürzen ersparen
- Individuelle Planung simplifizierter Bausysteme (z.B. direkt in das Tragwerk/die Fassade eingeklebte Glas-Elemente)
- Sparsame Tragwerkskonstruktionen (z.B. durch geringere Spannweiten Bauteile mit kleineren Querschnitten)
- Auswahl von Produkten mit Einspareffekten (z.B. Falzziegel statt Biberschwanzziegel wegen geringeren Gewichts und daher kostengünstigerer Dachkonstruktion, Stahlfasersohle anstelle Sohle mit üblicher Bewehrung)
- Auswahl der eingesetzten Bauteile und Materialien nach ihrem Kosten-Nutzen-Verhältnis (z.B. Industrieparkett oder günstige Posten von Massivholzböden statt billigem Laminat)
- Bauteile mit multifunktionaler Qualität (z.B. Massivholzdecke gleichzeitig als Bodenbelag, Fensterkonstruktionen auch als Rahmen für fassadenmontierte Solarkollektoren)

- Suche nach preislich günstigen, qualitativ gleichwertigen Alternativen (z.B. in Internetportalen und Bauteilbörsen)

- Wiederverwendung technisch einwandfreier Gebrauchtmaterialien (z.B. Tragwerk, Fenster, Dachziegel, Bodenbeläge)

- Einsatz von weniger edlen Materialien und Bauprodukten (z.B. OSB-Platten als Bodenbelag oder Wand-Innensicht, Stahlseile als Brüstungsfüllungen)

- Einsatz von industriell hergestellten Fertigteilen (z.B. Betontreppen)

- Realisierung kurzer Bauzeiten durch Vorfertigung von Elementen in der Werkstatt (insbesondere zur Vermeidung unnötiger Mietzahlungen bzw. hoher Überbrückungskredite – besonders vorteilhaft, wenn wenig oder keine Eigenleistung investiert werden kann)

- Günstiges Energiesystem (z.B. Gas-Brennwerttherme oder über kleinen Vorratsbehälter direkt beschickter Pelletofen/ggf. mit Solarunterstützung)

- Sparsame Planung von Versorgungsleitungen (Elektro, Gas, Wasser) durch kurze Wege und konzentrierte Anordnung (z.B. in einem vertikalen Strang)

- Reduzierung der Steckdosen und Lichtschalter auf das notwendige Maß

- Verzicht auf kostspielige (und schadensanfällige) automatisierte Lösungen wie z.B. BUS-Systeme

- Gemeinsam bauen – günstig z.B. durch bessere Handwerkerpreise, Teilung der Grundstückskosten und der Investitionen für die Heizanlage, durch den Einsatz vieler einheitlicher Bauteile, ggf. Nachbarschaftshilfe

- Vergabe der Aufträge für die Handwerkerarbeiten nach Kosten- und Qualitätsaspekten

- Neben dem üblichen Weg der Ausschreibung Auftragsvergabe für Handwerker auch über entsprechende Internetportale, soweit hier die geforderte Ausführungsqualität gewährleistet ist

- Effiziente Koordination und Kontrolle der Bauabläufe sowie eine kurze Gesamt-Bauzeit (am besten über die Vergabe der Bauleitung an einen kompetenten Architekten oder mit diesem zusammen arbeitenden Ingenieur)

- Einbringung von Eigenleistung, die in der Kalkulation realistisch angesetzt werden (im Normalfall nicht mehr als 10–20% der Handwerkerleistungen) und in enger Abstimmung mit dem Architekten erfolgen sollte

166.000 EURO

EIN SCHÖNES HAUS FÜR WENIG GELD

Hochwertiges Familien-Wohnen bei Münster

Planung: AHAD Architekten, Braunschweig

Spektakulär mag vielleicht anders aussehen. Aber das Ziel der Familie Jäger war es auch gar nicht, ihre Nachbarn durch repräsentative Elemente zu beeindrucken; was sie wollten, war eine ansprechende Architektur mit tollem Wohngefühl zu einem günstigen Preis – und genau dies haben sie auch bekommen. Ihre Architekten Katja und Sascha Ahad verstanden es, die Wünsche ihrer Bauherren eins zu eins umzusetzen und ersparten ihnen damit all die Sorgen, die beim Hausbau und danach ansonsten leider allzu oft zum täglichen Begleiter werden.

RAHMENBEDINGUNGEN OPTIMAL AUSGENUTZT

Im Rahmen der Bauvorschriften – unter anderem der Klinkerfassade und des Satteldachs – gelang es, auf der ehemaligen Pferdekoppel im Münsterland eine klare und funktionale Architektur für fünf Personen zu realisieren. Eine zusätzliche Herausforderung war der lange, rechteckige Zuschnitt der Parzelle, die die Öffnung der Giebelseite zur Sonne erforderte. Auf dieser der Erschließungsstraße zugewandten Seite weist das Haus große Fensteröffnungen auf, die bündig mit der Außenfassade eingebaut sind und deshalb der Gebäudehülle ein besonders geschlossenes Äußeres verleihen. Die filigran konstruierten Holz-Aluminium-Rahmen der in Dänemark produzierten Fenster unterstützen die klare Architektursprache und lassen viel Licht und Wärme ins Haus, während ihre einheitlichen Formate Kosten einsparten.

FLÄCHE UND BAUMASSEN EINSPAREN, WOHNQUALITÄT SCHAFFEN

Da man im Hinblick auf Kosteneinsparung auf einen Keller verzichtete und das Gebäude nur ein Erdgeschoss und ein Dachgeschoss mit Satteldach aufweist, war zur Erfüllung aller Wohnansprüche eine besonders findige Grundrissplanung notwendig. Es entstand zunächst einmal ein gemeinsames Wohngeschoss mit weitgehend offenem Raumzusammenhang und darüber eine Ebene mit vier Schlaf- beziehungsweise Kinderzimmern. Den benötigten Stauraum hat man im Spitzboden, im Raum unterhalb der Treppe und im Schuppen beim Carport geschaffen. Sogar

Links: Giebelansicht mit filigran wirkenden, außenbündig in die Klinkerfassade gesetzen Fenstern.

Rechte Seite: Die Zufahrts- und Eingangssituation mit dem Carport, der vom Bauherrn nach der Planung der Architekten kostengünstig selbst gebaut wurde.

Links oben: Blick über den Esstisch mit antikem Jugenstil-Mobiliar, das einen spannenden Kontrapunkt zum sachlichen Charakter der Innenarchitektur setzt – zur Treppe, zum Eingang und zur Küche.

Links: Weite Aussichten im Low-Budget-Haus: Durchblick von der Küche, die mittels einer Schiebetüre abgetrennt werden kann, zum Ess- und Wohnbereich.

Rechts: Das Erdgeschoss wirkt insgesamt erstaunlich großzügig, da die untergeordneten Flächen sparsam bemessen und der Platz bestmöglich ausgenutzt wurde.

die Haustechnik fand unter der Treppe Platz, während die Hausanschlüsse in einem Einbauschrank integriert sind. Der Kompaktheit des Gebäudes ist auch ein optimales Verhältnis von Außenwandflächen zum Raumvolumen zu verdanken, was sowohl günstige Bau- als auch niedrige Betriebskosten ermöglichte. Die relativ kleine Gebäudebreite erforderte ihrerseits geringere Investitionen in Materialien, unter anderem durch Sparren mit kleineren Abmessungen. Auch der ausgewählte Bodenbelag aus Industrieparkett war sehr günstig, ist dabei aber als Massivholzprodukt sehr hochwertig und zudem langlebig.

VIELSEITIGE RÄUME

Die ebenerdigen Zonen Wohnen und Essen sind zusammengefasst, die Küche schließt sich unmittelbar daran an und ermöglicht so weite Blickbeziehungen, die Großzügigkeit bei kleiner Fläche schaffen. Bedarfsweise, etwa wenn Kochgerüche und -dämpfe vom übrigen Raum fern gehalten werden sollen, lässt sich die Küche aber ebenso durch raumhohe Schiebetüren separieren. Von den Architekten individuell geplant und mit Platten aus Holzwerkstoffen sondergefertigt, war diese flexible Trennung deutlich kostengünstiger zu verwirklichen als mit Produkten »von der Stange«.
Die einzelnen Zimmer im Obergeschoss dienen als Rückzugsbereiche; wenn die Kinder später einmal aus dem Haus sind, lassen sich mit geringem Aufwand durch ganzes oder teilweises Herausnehmen der nicht tragenden Innenwände neue, an die veränderten Bedürfnisse angepasste Raumsituationen – etwa ein Loft, ein Atelier oder ein großes Elternzimmer mit Sauna – schaffen. Das einfache, stützenfreie und kostengünstige Sparrendach begünstigt die Reorganisation von Grundrissstrukturen und macht das Gebäude so dauerhaft höchst anpassungsfähig.

Blick entlang der Gartenseite.

EIGENLEISTUNG – REALISTISCH GEPLANT

Wo die Bauherren nach realistischer Selbsteinschätzung Möglichkeiten für eigenes handwerkliches Engagement sahen, planten die Architekten diese von vorneherein ein: Der Carport mit angegliedertem Schuppen wurde so als individueller Bausatz entworfen, der unter Anleitung problemlos in Eigenleistung erstellt werden konnte. Auch die Anstricharbeiten und die Estrichbeschichtung im Büro- und Hauswirtschaftsraum übernahm der Eigentümer selbst.

Mehrere Jahre nach dem Einzug bestätigen die Bauherren unisono, dass sie dasselbe Haus mit den gleichen, ihnen heute noch freundschaftlich verbundenen Architekten sofort wieder bauen würden – eine schönere Auszeichnung für das Geleistete kann es wohl kaum geben!

BAUDATEN

Standort: bei Münster/Nordrhein-Westfalen
Bauzeitraum: 2004 (7 Monate)
Grundstücksgröße: ca. 615 m²
Wohnfläche: ca. 145 m²; Terrasse ca. 42 m²
Bruttorauminhalt (BRI): ca. 598 m³ (ohne Carport)
Gesamtkosten brutto (inklusive Honorare, Nebenkosten und Steuern, ohne Pflasterarbeiten und Gartenanlage): ca. 166.000 Euro
Kosten senkende Faktoren: sorgfältige Planung, Begleitung und Kontrolle der Bauabläufe, kompakter Baukörper, Verzicht auf Keller, geringe Geschosshöhen, sehr gut nutzbarer Grundriss, im Wohnbereich offener Raumzusammenhang mit wenigen Innenwänden und Innentüren, Minimierung der Erschließungsflächen (z.B. Eingang, Treppe, Flur), optimale Raumausnutzung (Stauraum im Spitzboden, Treppenraum mit Brennwerttherme, Hausanschlüsse im Garderobenschrank), individuell geplante und gefertigte Schiebetüren, vorgefertigte raumhohe Fenster, kostengünstige Materialien und Bauprodukte (z.B. einfacher Innenputz, weißer Anstrich), kostengünstige Energietechnik (Gas-Brennwerttherme, passive Wärmegewinne), sparsame Sanitär- und Elektroplanung, Konstruktionen mit guter Eignung für Selbstbau (z.B. Carport), Eigenleistung (z.B. Estrichbeschichtung, Carport; ca. 1% der Handwerkerleistungen)
Heizenergiebedarf/Jahr (nach EnEV): ca. 70 kWh/m²

Die gewendelte Treppe ist sehr raumsparend geplant, verleiht dabei aber dem Haus eine fast skulpturale Qualität.

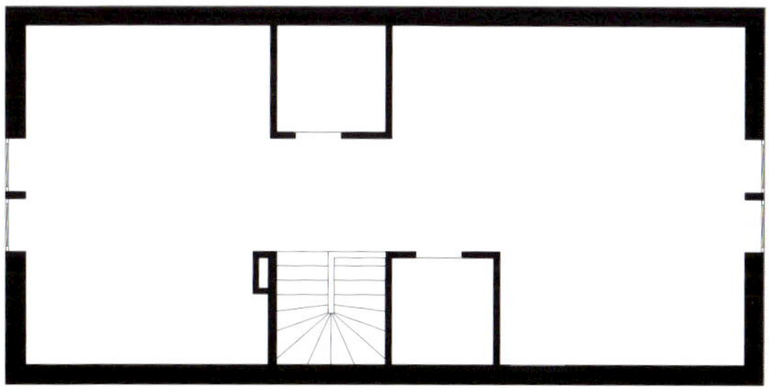

Obergeschoss Variante Loft

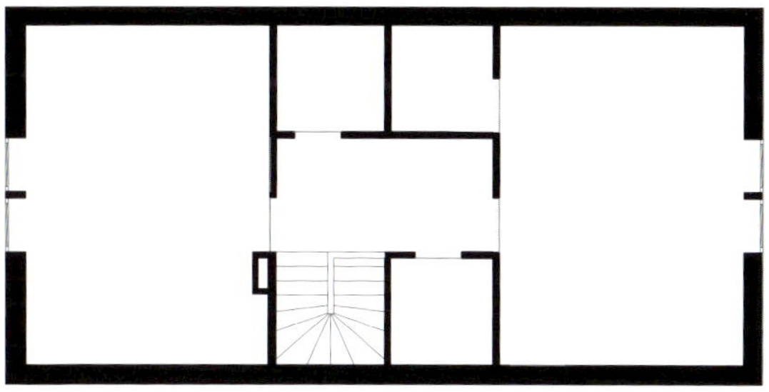

Obergeschoss Variante 2 Räume

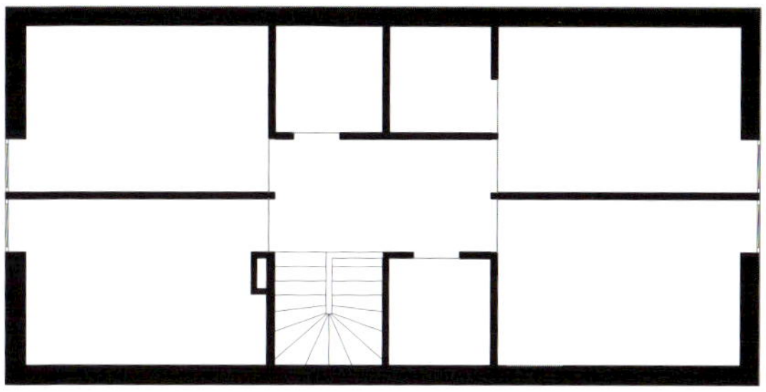

Obergeschoss

Grundriss Erdgeschoss

KOSTENEFFIZIENTES HOLZHAUS MIT RAFFINESSE

Individuell wohnen in der Kärntner Landschaft

Planung: architekturbox ZT GmbH/Maria Siencnik und C. Alexander Smertnig, Kärnten/Wien

Kompakt muss nicht kleinlich aussehen. Eine Bestätigung dafür liefert das vom Planerduo architekturbox entworfene Stück Bauqualität, das sich in direkter Nachbarschaft zu einem Bachlauf zeitgemäß perfekt in die Ostkärntner Landschaft einfügt. Auf zwei Etagen breitet sich hier am Ortsrand einer Kleinstadt wohnliche Großzügigkeit aus, der man die Sparsamkeit bei der Kostenplanung so gar nicht ansieht. Dabei sollte hier ursprünglich ein Fertighaus von der Stange entstehen, dem die beherzte Bauherrin dann am Ende aber den individuellen Entwurf vorzog. Ein sichtbarer Gewinn für die Bewohnerin wie auch für die Kärntner Baukultur.

HOHE INDIVIDUELLE ARCHITEKTURQUALITÄT TROTZ KNAPPEN BUDGETS

Die teils eintönige Wirkung manches kubisch geformten Baukörpers wird hier durch die vielgestaltige und spannungsreiche Architektur, für die der begrenzte Kostenrahmen kein Hinderungsgrund war, nach allen Regeln der Kunst aufgebrochen. Hier sind neben der vielgestaltigen Anordnung der Fassadenausschnitte vor allem der dynamisch abgeschrägte, reliefartig wirkende Eingangsbereich und die umrahmte, in die Gesamtkubatur eingeschnittene Dachterrasse zu nennen.

FLÄCHE UND BAUMASSEN SPAREN – GROSSZÜGIGKEIT GEWINNEN – HEIZKOSTEN MINIMIEREN

Dass hier der Geist wohlverstandener Zurückhaltung mit bester Wohnqualität verschmilzt, ist die Folge einer gewissenhaften Vorplanung, bei der Maria Siencnik und Alexander Smertnig ein genau auf die Voraussetzungen abgestimmtes Konzept entworfen haben. Die Bauherrin wollte kein Heim zum Renommieren, sondern zum Wohlfühlen, das auf unprätentiöse Art großzügig sein sollte. Konsequent verfolgte man hier das Ziel, den wichtigsten Wohnräumen visuelle Weite und Durchgängigkeit zu verleihen und gleichzeitig Kosten einzusparen. Dies gelang durch den weitestmöglichen Verzicht auf Innenwände und -türen, die Vermeidung unnötiger Erschließungsflächen – beispielsweise für Flure und Treppen – und die großen Glasflächen, insbesondere nach Süden, die den Wohnraum und die Landschaft eher als zusammenhängende denn als getrennte Räume erleben lassen und zudem noch kostenfrei hohe passive Energiegewinne ermöglichen. Dass die übrigen Seiten des Hauses, insbesondere Nord- und Ostfassade, abgesehen von der Verglasung des Eingangsbereichs fast ohne Fenster auskommen und sehr gut gedämmt sind, war für die hervorragenden Heizenergie-Kennwerte und damit die geringen Betriebskosten mit entscheidend – und dies ganz ohne aufwändige Energietechnik!

GERINGE ROHBAUKOSTEN DURCH VORFERTIGUNG

Wo ansonsten oft die Eignung für Eigenleistungen einer der Schlüssel zum Sparerfolg ist, galt es hier, auf andere Weise Mittel einzusparen, denn die Bauherrin konnte abgesehen von der Gartenanlage kaum eigene Arbeitskraft investieren.

Linke Seite: Blick auf das naturnah gelegene Haus von Südosten.

Unten: Die Südwest-Ansicht zeigt die spannende Kubatur mit der im Obergeschoss angelegten, loggiaähnlich eingerahmten Dachterrasse. Eine große Terrasse ist dem Wohnbereich des Erdgeschosses zugeordnet.

Erschließungsbereich mit der Treppe zum Obergeschoss.

So war in diesem Fall ein hoher Grad der Vorfertigung mit entsprechend verringertem Lohnanteil und deutlich verkürzten Bauzeiten ausschlaggebend für die vergleichsweise geringen Rohbaukosten. Selbst für ein Gebäude in Holzbauweise können die benötigten vier Monate Gesamtbauzeit als rekordverdächtig gelten: Im Juni 2006 erfolgte der erste Spatenstich und noch vor Ende Oktober konnte das Heim bezogen werden.

KONSEQUENTE KOSTENKONTROLLE IM GESAMTEN BAUABLAUF

Neben Flächeneinsparung und hoher Vorfertigung war auch eine ganzheitlich ordnende Hand für die niedrigen Gesamtkosten ausschlaggebend. So entschied man sich für ein günstiges Energiesystem, das der Anschluss an das vorhandene Fernwärmenetz ermöglichte. Aufträge vergab man bevorzugt an Handwerker aus dem Ort, die unter anderem wegen kurzer Anfahrtswege günstig anbieten konnten. Technisch anspruchsvolle Details wie automatisierte Steuerungssysteme sparte man von vorneherein ein und vermied damit gleich auch den oft fälligen Reparaturaufwand. Und mit der überwiegenden Verwendung von hochwertigen Massivholzprodukten aus regionaler Produktion, etwa für Tragwerk, Bodenbeläge und Fassade, verband man Kostenvorteile aufgrund geringer Transportwege mit ökologischer Nachhaltigkeit.

Durch den weitgehenden Verzicht auf trennende Wände und die großen Glasflächen, die den Blick in die Landschaft mit dem nahen Bachlauf freigeben, erhält das Erdgeschoss visuell eine Weite, die von der tatsächlichen Fläche her nicht vorhanden ist.

Oben: Der frei in den Raum gestellte Küchenblock, ansonsten ein Kennzeichen weit teurerer Häuser, ermöglicht bei der Zubereitung der Speisen die Kommunikation mit den Gästen.

Linke Seite oben: Erschließungsbereich im Obergeschoss mit Durchblicken.

Linke Seite unten: Das Badezimmer auf der oberen Wohnebene.

VERDIENTER LOHN FÜR GUTE ARBEIT

Das Gebäude wurde mit mehreren Architektur- und Bauherren-Preisen ausgezeichnet, so etwa beim Wettbewerb »Das beste Haus 2007« und mit einer Anerkennung beim Holzbaupreis Kärnten 2007. Gewürdigt wurde hier unter anderem auch das hervorragende Preis-Leistungs-Verhältnis.

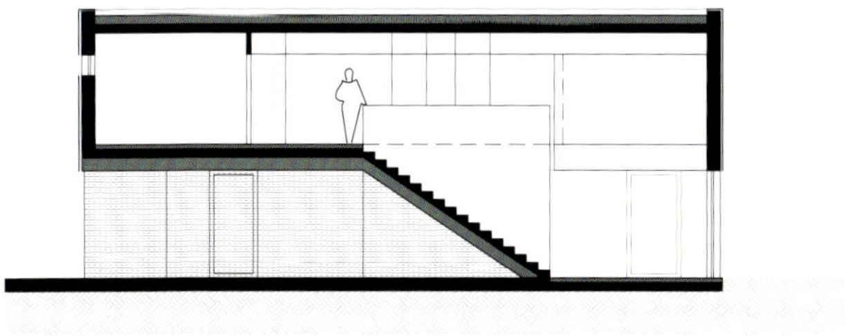

Längsschnitt

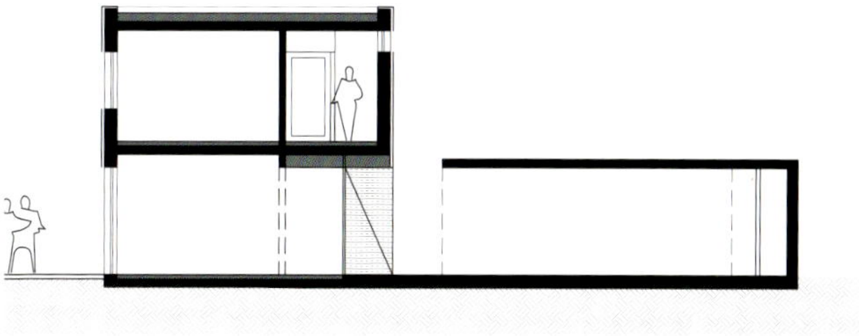

Querschnitt

BAUDATEN

Standort: bei Völkermarkt/Kärnten
Bauzeitraum: 2006 (4 Monate)
Grundstücksgröße: ca. 652 m²
Wohn- und Nutzfläche: ca. 130 m²
Bruttorauminhalt (BRI): ca. 606 m³ (ohne Carport)
Gesamtkosten brutto (inklusive Honorare, Nebenkosten und Steuern, inklusive Küche und Schrankelement EG, ohne Carport und Gartenanlage): ca. 215.000 Euro
Kosten senkende Faktoren: sorgfältige Planung, Begleitung und Kontrolle der Bauabläufe, Wahl einer schnellen Bauweise (Holzriegelkonstruktion) mit hohem Vorfertigungsgrad, darauf hin optimierte Statik und daher geringe Querschnitte tragender Bauteile, kompakter Baukörper, Verzicht auf Keller, Flachdach, sehr gut nutzbarer Grundriss, großenteils offener Raumzusammenhang mit wenigen Innenwänden und Innentüren, Minimierung der Erschließungsflächen, gerader Treppenlauf, optimale Raumausnutzung, individuell geplante und gefertigte, kostengünstige Einbau-Elemente (Küche, Schrank EG), kostengünstige und Arbeitszeit sparende Techniken, kostengünstige Materialien und Bauprodukte (z.B. Holz aus regionaler Produktion, kostengünstige Energietechnik (Anschluss an bestehendes Fernwärmenetz, passive Wärmegewinne), raumhohe Fenster (Norden/Osten sehr wenige Fassadenöffnungen), Verzicht auf automatisierte Lösungen (z.B. kein BUS-System), sparsame Sanitär- und Elektroplanung, bevorzugte Beauftragung lokaler Firmen (geringe Anfahrtszeiten etc.)
Heizenergiebedarf/Jahr: ca. 38,4 kWh/m²

Obergeschoss

Grundriss Erdgeschoss

Alle: Die Eingangsseite verzichtet aus Energiespar- und Kostengründen auf große Fensterflächen, inszeniert aber den verglasten Eingang durch außergewöhnliche Architektur.

je 116.000 EURO

GEMEINSAM SPAREN UND GROSSZÜGIG WOHNEN

Zwei kosteneffiziente Viertelhäuser in Dortmund

Planung: BauWerk-Architekten, Dortmund

Ursprünglich sollten es für die Schwestern Claudia und Julia Becker zwei ganz normale Geschosswohnungen in einem Haus sein, das man gemeinsam bauen und bewohnen wollte. Nun ließ der geltende Bebauungsplan allerdings nur den Bau einer Doppelhaushälfte zu. Die andere Haushälfte auf dem Grundstück war bereits vorhanden. Heribert Röttger und Tom Schüring-Bruns von BauWerk-Architekten schlugen vor, die Doppelhaushälfte an das bestehende Gebäude anzugleichen, aber in zwei Viertelhäuser für die beiden Schwestern zu unterteilen. Baukosten konnten so deutlich gesenkt werden und beide Familienteile bekamen mit jeweils 106 Quadratmetern deutlich mehr als die 80 Quadratmeter Wohnfläche, die anfangs das Ziel gewesen waren. Dass die Schwestern von diesem Konzept spontan begeistert waren, liegt auf der Hand.

WENIGE AUSSENWANDFLÄCHEN, OFFENES INNENRAUMERLEBNIS

Der überzeugendste finanzielle Vorteil der dann folgerichtig auch umgesetzten Idee bestand in der so möglichen Einsparung von Baumasse – ein Vorteil, der sich aufgrund des stets sehr hohen Anteils von Mauerwerksarbeiten an den Bauwerkskosten besonders deutlich bemerkbar machte. Für das Erreichen des Sparziels bei gleichzeitigem hohen Wohnwert war es ferner wesentlich, die insgesamt überschaubare Wohnfläche der Viertelhäuser mit einem offenen, großzügigen Innenraumeindruck zu verbinden. Auf drei Ebenen sind alle notwendigen Räume untergebracht: im Erdgeschoss Kochen und Essen sowie der Eingangsbereich mit der Abstell- und WC-Einheit, im Obergeschoss Wohnen und Arbeiten, im Dachgeschoss Schlafen und Badezimmer. Die vertikale Funktionsteilung machte Innenwände und -türen weitgehend überflüssig und sparte somit bares Geld. Die fast loftartig wirkenden Raumbeziehungen gewinnen zusätzlich dadurch, dass die Geschosse jeweils noch durch Galerien beziehungsweise Luftraum verbunden sind und somit ein sehr durchgängiger Gesamteindruck entsteht. Im Erdgeschoss kommt hinzu, dass durch eine teilweise Absenkung des Niveaus in der Wohnküche um 75 Zentimeter höhere, insgesamt nun 3,25 Meter messende Räume entstanden sind; unter Dach werden sogar Raumhöhen von bis zu 4,25 Metern erreicht.

Links: In der Giebelansicht ist die vertikale Teilung des Doppelhauses in zwei Viertelhäuser gut zu erkennen.

Rechte Seite: Die Fassadengestalt zeigt, dass viele einheitliche Fensterformate eingesetzt worden sind, was einen großen Einspareffekt mit sich brachte. Links die Doppelhaushälfte des Nachbarn.

SPAREN DURCH GESCHICKTE KOSTENPLANUNG

Der Vorteil des gemeinsamen Bauens bestand nicht zuletzt darin, dass Baustellen-Infrastruktur wie etwa der Baukran effizient genutzt und deren Kosten so halbiert werden konnten. Auch die Handwerker konnten günstiger anbieten als bei einem einzelnen Projekt, was seinen Grund unter anderem in den für beide Häuser identischen Bauteilen wie Fenstern, Türen und Treppen und damit höheren Stückzahlen hatte. Insgesamt verwandte man besonders viel Zeit und Sorgfalt auf die Ausschreibung und Auftragsvergabe; es wurden nur diejenigen Betriebe beauftragt, die den bestmöglichen Preis bei Einhaltung der geforderten Qualität bieten konnten. Erleichtert wurde ihnen dies durch die insgesamt konventionelle Bauweise, die zügiges Arbeiten ermöglichte.

Die Wohnküche der Viertelhäuser besitzt eine Raumhöhe von 5,25 Metern. Mittig der eingestellte Kubus mit Tagesbad und Waschraum. Holzscheitofen und Ofenbank sorgen für eine angenehme Stimmung, die Treppe zeichnet sich durch eine ebenso einfache wie filigrane Konstruktion aus.

Die Treppengalerie, gleichsam das kommunikative Herz des Hauses, verteilt das einfallende Licht auf die Wohnebenen.

EINFACHHEIT ALS GRUNDPRINZIP

Obwohl man es den Häusern vor allem innen nicht ansatzweise ansieht, ist jedes Detail im Vorfeld genau auf Kosten und Nutzen überprüft worden. Bauherrinnen und Architekten investierten gemeinsam viele Überlegungen in die Aufgabe, möglichst günstige und doch hochwertige Produkte zu verwenden. Zum Beispiel griff man anstelle von zwar günstigem, aber auch billig wirkendem Laminat auf Sonderposten guter Holzböden zurück.

In einer architektonisch unspektakulären Hülle, die sich aus baurechtlichen Gründen an den Bestand anlehnt und die Möglichkeiten des Kostensparens bis ins Detail ausnutzt, entstanden zwei Viertelhäuser mit immensem Wohnwert zu erstaunlich geringen Kosten. Vergleichbare Neubauwohnungen kosten zumeist deutlich mehr!

Linke Seite: Der Wohnbereich im Obergeschoss mit der Sitzecke, ein perfekter Rückzugsbereich mit bester Raumausnutzung.

Rechts: Das großzügig dimensionierte Treppenhaus ermöglicht Blickbeziehungen zwischen den drei Geschossen.

Unten: Detail des aus Vierkantstahl gefertigten Treppengeländers im Abschnitt zwischen Erd- und Obergeschoss.

Unten rechts: Blick von der Dachgeschoss-Galerie in den Wohnraum des Obergeschosses.

Links: Die raumhohe südwestliche Verglasung in der Wohnküche vermittelt Wintergarten-Atmosphäre, der freie Blick in den Garten weitet den Raum optisch.

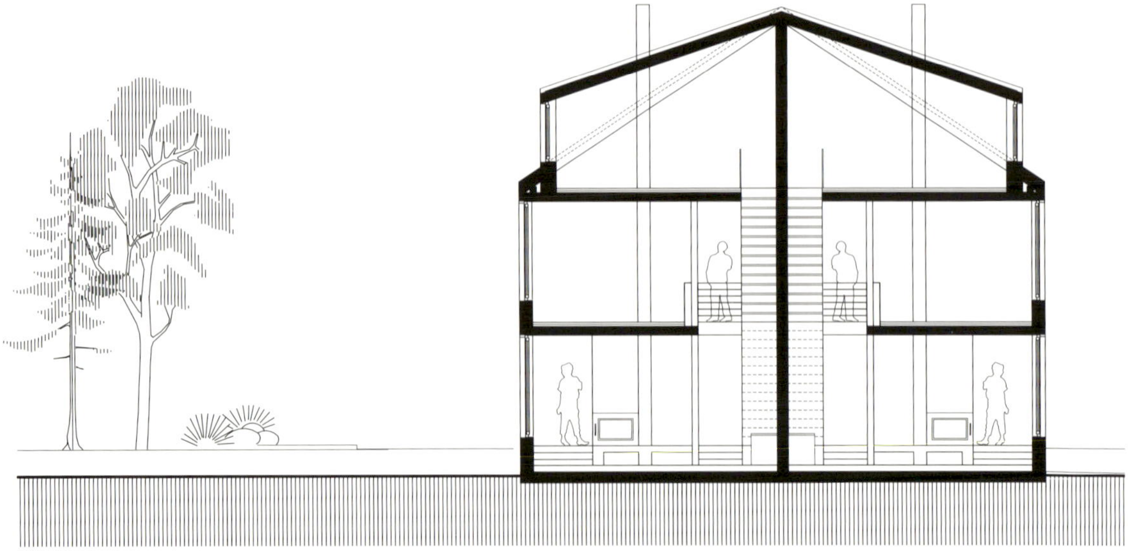

Schnitt

BAUDATEN

Standort: Dortmund

Bauzeitraum: 2006 (5 Monate)

Grundstücksgröße: ca. 423 m² (für beide Viertelhäuser)

Wohnfläche je Viertelhaus: ca. 106 m²

Bruttorauminhalt je Viertelhaus (BRI): ca. 473 m³ (ohne Carport)

Gesamtkosten brutto je Viertelhaus (inklusive Honorare, Nebenkosten und Steuern, ohne Pflasterarbeiten und Gartenanlage): ca. 116.000 Euro

Kosten senkende Faktoren: sorgfältige Planung, Begleitung und Kontrolle der Bauabläufe, kompakter Baukörper mit geringem Gesamtvolumen, Haustyp mit sehr geringem Außenwandanteil und geringen Baumassen, Verzicht auf Keller, sehr gut nutzbarer Grundriss, großenteils offener Raumzusammenhang mit wenigen Innenwänden und -türen, gerader Treppenlauf, optimale Raumausnutzung, durch insgesamt konventionelle Bauweise kostengünstige Ausführung durch Betriebe, nach Möglichkeit Auftragsvergabe an bereits vor Ort beschäftigte Firmen, Vereinbarung von Pauschalfestpreisen vor Baubeginn, gemeinsame effiziente Nutzung der Infrastruktur auf der Baustelle (z.B. Baukran), kostengünstige Materialien und Bauprodukte (z.B. Bodenbeläge), einheitliche Bauteile, Verzicht auf technisch komplexe und automatisierte Lösungen (z.B. kein BUS-System), sparsame Sanitär- und Elektroplanung, Nutzung als Teileigentum anstelle von Grundstücksteilung, Baugenehmigung im Freistellungsverfahren statt mit Bauantrag

Heizenergiebedarf/Jahr (nach EnEV): ca. 52,3 kWh/m²

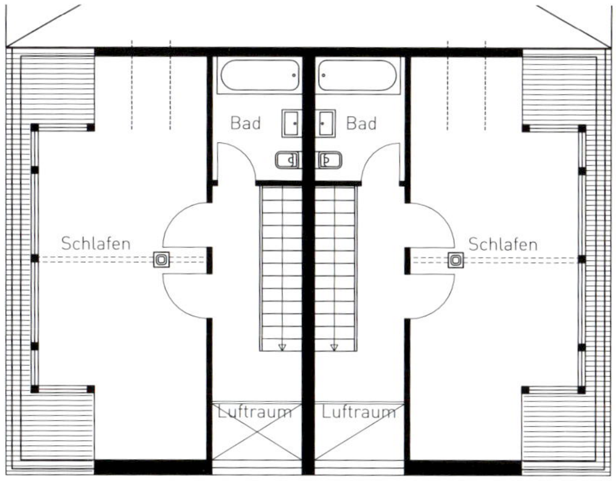

Dachgeschoss

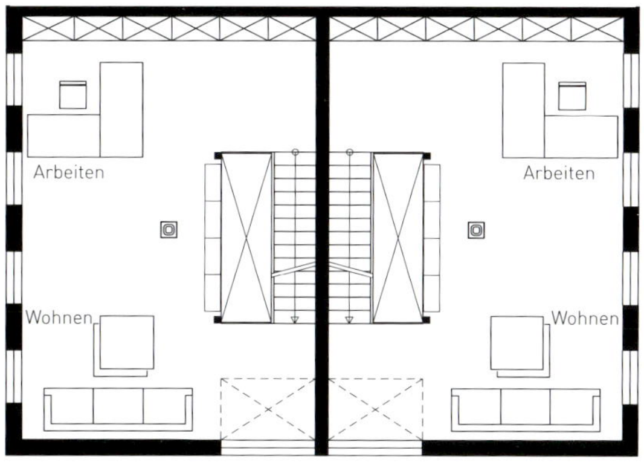

Obergeschoss

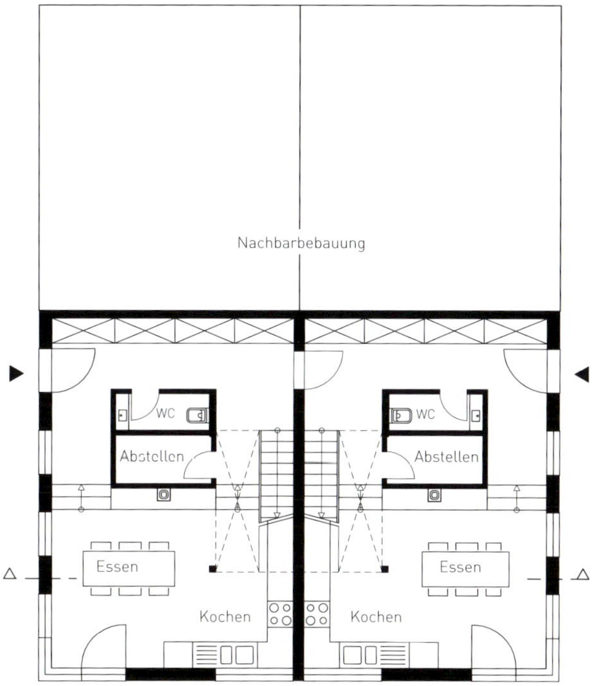

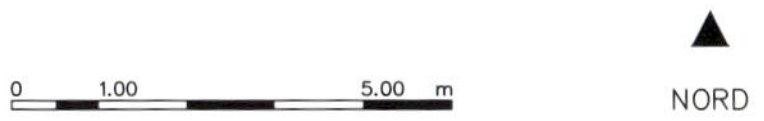

Grundriss Erdgeschoss

165.000 EURO

DAS PANORAMA-HAUS

Spar-Wohngebäude mit Einliegerwohnung bei Innsbruck

Planung: Gerhard Blasisker Architekt, Innsbruck

Dass die Architekturkunst auch bei extrem kostengünstigen Häusern nicht auf der Strecke bleiben muss, bestätigt das Beispiel dieses Familienhauses bei Innsbruck. Die Nähe zu den Bergen mit allseits attraktiver Aussicht führte den Architekten Geri Blasisker zu der Idee, in dem Nordtiroler Dorf ein hoch aufragendes Wohnhaus mit großem Verglasungsanteil und einer intimen Dachterrasse als »Draufgabe« zu verwirklichen. Die spontane Begeisterung der Bauherren für diese Idee stieg noch weiter, als sie über den voraussichtlich bescheidenen Kostenrahmen in Kenntnis gesetzt wurden.

ANGEPASSTE KONSTRUKTION UND GÜNSTIGE VERGLASUNGEN

Da ein Haus mit insgesamt fast 190 Quadratmetern Wohnfläche unter normalen Umständen, das heißt mit den konventionellen Planungen und Abläufen für das vorhandene Budget nicht zu realisieren gewesen wäre, musste um jedes Detail förmlich gerungen werden, aber der Aufwand von Architekt und Bauherren hat sich bezahlt gemacht. Zunächst spielte hier die extrem kompakte Form des Hauses eine wichtige Rolle, das abgesehen von einem Eingangsvorbau und einem angebauten, außerhalb der energetischen Hülle befindlichen Carport mit Schuppen völlig monolithisch im Raum steht. Das einfache und günstige Flachdach erlaubte eine nach außen bestens abgeschirmte Dachterrasse, die den Wohn-, Ess- und Kochbereich im obersten Stockwerk ergänzt und erweitert. Die Pfosten-Riegel-Bauweise der Außenwände und die Ausbildung der Fassade als vorgehängte Holzkonstruktion boten dem Bauherrn reichlich Möglichkeiten für Eigenleistung, zudem kam das Lärchenholz für die Fassade aus dem eigenen Wald und wurde im Winter selbst eingeschlagen. Dass die Fenster in die Fassade eingeklebt wurden, machte teure Solbänke überflüssig, die geringe Zahl von Öffnungsflügeln führt zur weiteren deutlichen Kostensenkung. So war es möglich, auf allen Wohnebenen umlaufende Glasbänder zu verwirklichen, die einen fast durchgehenden Rundumblick in die Tiroler Landschaft, namentlich das Karwendelgebirge und das Inntal ermöglichen.

Links: Kubus mit Glasbändern: Blick auf das Haus von der Zufahrtsstraße. In der Mitte der Eingang zur Haupt-Wohneinheit.

Rechte Seite: Die Übereck-Ansicht zeigt die spannend geschnittenen, außenbündig in die Lärchenholz-Fassade eingeklebten Glasbänder, die dem Haus seinen gestalterischen Rhythmus geben. Links der Zugang zur Einliegerwohnung im Erdgeschoss.

INNENARCHITEKTUR MIT HÖCHSTER RAUMEFFIZIENZ

Um den zur Verfügung stehenden Platz optimal zu gestalten und möglichst wenig zu verschenken, entschied man sich anstelle von Leichtbauwänden teilweise für Raumabteilungen aus Fichte-Dreischichtplatten, beispielsweise bei der Treppe ins Obergeschoss. Dadurch konnten nicht nur Kosten gespart, sondern auch beträchtlich Wohnfläche gewonnen werden. Es gibt außerdem kaum reine Erschließungsflächen, und wenn, dann sind diese zumeist noch anderweitig mit genutzt. So dient der Eingangsbereich auch als Abstell- und Lagerraum, der Bereich unter der Treppe nimmt die Heiz- und Haustechnikzentrale auf. Im Obergeschoss ist das Bad perfekt eingepasst und gewinnt dank der großen Glaswände sowohl an Bewegungsraum als auch an optischer Großzügigkeit. Nur im Obergeschoss und in den Schlafräumen ist Eichenparkett verlegt, während man sich ansonsten zumeist auf versiegelten beziehungsweise farbig beschichteten Estrich beschränkte. Dadurch kam beispielsweise im Bereich des Badezimmers Lebendigkeit ins Haus, ohne dass hohe Investitionen nötig gewesen wären. Auch ansonsten ist beim Innenausbau konsequent auf Kostenvermeidung gesetzt worden – bei den Treppen handelt es sich etwa um sehr günstige Beton-Fertigteile. Die Sichtbetonscheibe im Zentrum des Hauses dient dagegen allerdings weniger dem Kostensparen, sondern hat neben der tragenden Funktion auch die Aufgabe, die im Raum befindliche Wärme zu speichern.

NUTZUNGSKONZEPT MIT SPARVORTEIL

Eine weitere, nicht unwichtige Komponente in der Gesamtplanung stellt die im Erdgeschoss des Gebäudes untergebrachte, nach Süden und Westen orientierte Einliegerwohnung dar. In den ersten Jahren zur Finanzierung des Immobilienkredits gedacht, steht diese separat erschlossene Wohneinheit mit drei Zimmern später für die eigenen Kinder zur Verfügung oder kann einmal von den Bauherren selbst als barrierefreie Wohnung im Alter genutzt werden.

Wo andere Häuser durch aus dem Ruder laufende Baukosten für ihre Bauherren oft zur Büchse der Pandora werden, erwies sich dieses Gebäude auch auf längere Sicht als wahre Wundertüte mit erstklassigen Architektur- und Sparideen.

Linke Seite: Der Innenraum – hier der Essplatz im Dachgeschoss – profitiert von den umlaufenden, panoramaartigen Glasbändern, die vielfältige Ausblicke eröffnen.

Rechts oben: Blick über den Essplatz zur Küche, links der Abgang zum Obergeschoss, ganz links der Durchgang zum Wohnbereich und zur Dachterrasse.

Rechts Mitte: Auch zwischen Küche und Terrasse bestehen direkte Blickbeziehungen.

Rechts: Im Wohnbereich.

Links oben: Das gemeinsame Badezimmer, das durch seine Glaswände viel Helligkeit gewinnt und Raum spart, wurde perfekt neben den Flur im Obergeschoss eingepasst. Der Estrich ist farbig beschichtet worden.

Links: Ansicht von Westen mit dem Zugang zur Einliegerwohnung.

BAUDATEN

Standort: bei Innsbruck
Bauzeitraum: 2002–2003 (ca. 15 Monate, mit Unterbrechungen)
Grundstücksgröße: ca. 587 m²
Wohn- und Nutzfläche: Haupt-Wohneinheit ca. 139 m² zuzüglich ca. 28 m² Dachterrasse; zusätzlich ca. 53 m² in der Einliegerwohnung
Bruttorauminhalt gesamt (BRI): ca. 757 m³
Gesamtkosten brutto (inklusive Honorare, Nebenkosten und Steuern): gesamtes Haus 165.000 Euro
Kosten senkende Faktoren: sorgfältige Planung, Begleitung und Kontrolle der Bauabläufe, kompakter Baukörper, Verzicht auf einen Keller, Außenwände in Holzkonstruktion mit sehr guter Eignung für Eigenleistung, sehr gut nutzbarer Grundriss, großenteils offener Raumzusammenhang mit wenigen Innenwänden und -türen, gerade Treppenläufe, Minimierung der Erschließungsflächen, optimale Raumausnutzung (z.B. Haustechnik unter der Treppe), kostengünstige Materialien und Bauprodukte (z.B. Treppen aus Betonfertigteilen, Böden aus teils versiegeltem Estrich, Fassaden-Bauholz aus eigenem Wald), Verglasungen mit wenigen Öffnungsflügeln, durch fassadenbündiges Einkleben der Glasbänder keine Solbänke erforderlich, viele einheitliche Formate und Produkte (z.B. Fenster), Verzicht auf automatisierte Lösungen (z.B. kein BUS-System), Flachdach mit Bitumenabdichtung, sparsame Sanitär- und Elektroplanung/ kurze Leitungswege, gute Platzierung von Bad und WC, günstiges Heizsystem (Gas-Brennwert, passive Nutzung der Solarenergie über Glasflächen), Eigenleistung (ca. 25% der Handwerkerleistungen), ferner Finanzierungsbeitrag durch Einliegerwohnung
Heizenergiebedarf/Jahr (nach OIB): ca. 65 kWh/m²

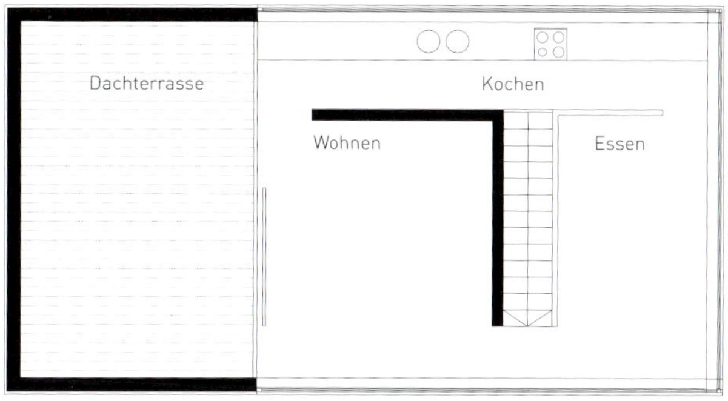

Dachgeschoss

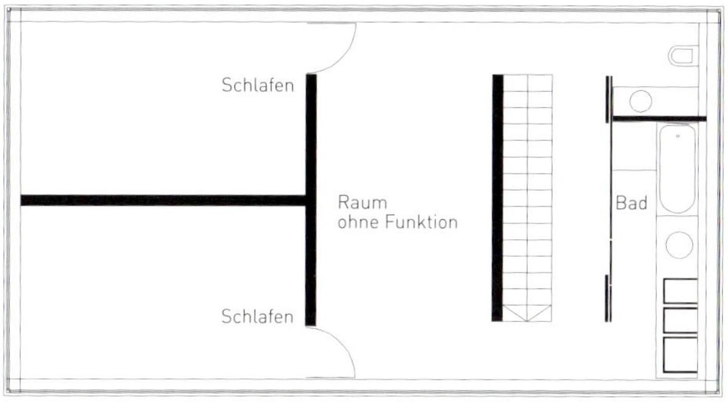

Obergeschoss

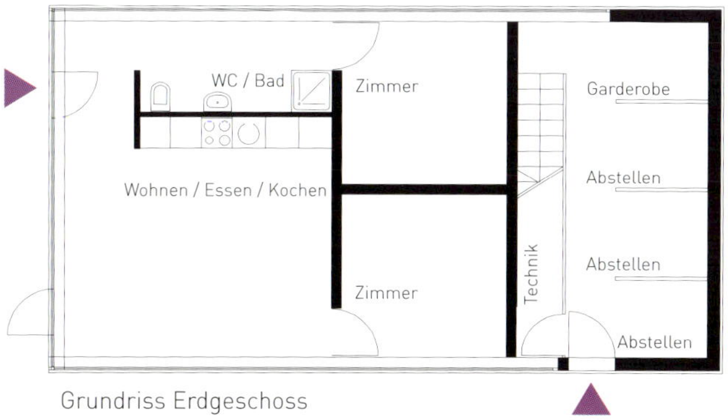

Grundriss Erdgeschoss

212.000 EURO

KUNSTSTÜCK IN SACHEN EINFACHHEIT

Wohnen im ambitionierten Sparhaus im Allgäu

Planung: Florian Garbarsky, Betzigau
Beratung: Wilhelm Huber Architekt, Leiterberg
Detailplanung und Bauleitung: Markus Hafner Architekt, Görisried

Die Einfachheit der Form ist das Mittel der Wahl, wenn Architektur mit Anspruch entstehen soll. Zur notwendigen Voraussetzung wird Einfachheit dann, wenn ein gleichzeitig kostengünstiges Haus entstehen soll, wie es Florian Garbarsky für sich und seine Familie geplant hat. Zusammen mit seinem Onkel, dem Architekten Wilhelm Huber, entwarf er im direkten Bezug zur Allgäuer Landschaft ein ebenso großzügiges wie bescheidenes Einfamilienhaus.

KOSTENREDUZIERUNG IM KONZEPT UND IM DETAIL

Anstatt zunächst, wie es nicht selten geschieht, das zu errichtende Haus mit allen möglichen punktuellen Wünschen und inkohärenten Vorstellungen zu überfrachten, galt hier von Beginn aller Überlegungen an die Leitlinie der Bescheidung. Das Konzept bestand in einem formal reduzierten Gebäude für vier Personen, das einen möglichst großzügigen gemeinsamen Bereich im Erdgeschoss und ein Dachgeschoss mit Zimmern für die einzelnen Familienmitglieder vorsah. Der Baukörper sollte nicht durch Anbauten wie Erker oder Dachaufbauten wie Gauben verkompliziert werden, was Einspareffekte in beträchtlichem Maß mit sich brachte. Die so kompakt gehaltene Kubatur sparte nicht nur Kosten beim Bau, sondern auch beim täglichen Betrieb ein, der hohe Kniestock ermöglichte eine besonders einfache und daher günstige Dachkonstruktion. Die geschickte Platzierung auf dem Grundstück minimierte die nötigen Aushub- und Verbauungsarbeiten, die optimale Grundrissplanung verringerte Erschließungsflächen und ermöglichte unter anderem auch kurze Wege zwischen Heizzentrale und Bad beziehungsweise Küche, was wiederum Kosten für Leitungen und auch Energieverluste senkte.

OFFENES WOHNERLEBNIS DURCH WENIGE WÄNDE UND TÜREN

Die im Entwurfskonzept festgelegte Zweiteilung in ein offenes Erdgeschoss und ein privates Obergeschoss mit separaten Zimmern ist äußerst konsequent umgesetzt worden: Unten ist das Einraumkonzept mit einem großen, zusammenhängenden und ohne Barrieren auskommenden Wohn- und Essbereich konsequent verwirklicht, weshalb nur geringe Baumassen und wenig Arbeitszeit für Wände und Türen zu veranschlagen waren. Die relativ kleine Küche ist separiert, daneben finden sich auf dieser Ebene nur noch ein WC und ein kleiner Windfang, von dem aus eine gerade Treppe direkt in das obere Geschoss führt. Auch dort beschränken sich die

Linke Seite: Blick entlang der Südseite mit den großen Verglasungen, die im Sommer durch die Sonnensegel beschattet werden. Tisch und Stühle sind von Fritz Hansen (Modell *Ice*).

Unten: Die Gesamtansicht zeigt die überaus klare, von einheitlichen Formaten strukturierte Südfassade. Im Obergeschoss fungiert das Vordach als Schattenspender.

Linke Seite oben: Das riesig wirkende Erdgeschoss mit Ausblick in die freie Feldflur. Hinten der Wohnbereich. Beim Esstisch handelt es sich um das Modell *Super-Elliptisch* von Fritz Hansen, die Stühle sind von Arper (Modell *Catifa*).

Linke Seite unten: Blick über den Essbereich mit der Treppe zum Obergeschoss. In der Mitte der Durchgang zum Eingangsbereich.

Rechts oben: Blick über die Sitzecke zur Treppe. Das Sideboard mit weißer, hochglänzender Schleiflack-Oberfläche ist eine Sonderanfertigung des Schreiners, die Sessel sind von Hay (Modell *Ray Lounge Chair S*).

Rechts: Blick durch den Raum mit geöffneter Schiebetüre zur Küche. Über dem Tisch die Hängeleuchte *PH 50* von Louis Poulsen.

Erschließungsflächen auf das erforderliche Minimum und lassen den Schlaf- beziehungsweise Kinderzimmern sowie dem Bad viel Platz. Die konsequente Zweiteilung übertrug man auch auf die Wahl der Materialien: strapazierfähiges Linoleum im Erdgeschoss und behaglich wirkender Teppichboden im Obergeschoss. Neben dem jeweils sehr günstigen Materialpreis der Produkte, die dennoch sehr hochwertig sind, fiel durch die einheitliche, großflächige und technisch unaufwändige Verlegung auch wenig Arbeitszeit an.

GEKONNTE BLICKFÜHRUNG, REDUZIERTE INNENRAUMGESTALTUNG

Dass hier keineswegs nur ans Sparen gedacht wurde, sondern trotz Kostenminimierung eine überdurchschnittliche Wohnqualität entstanden ist, zeigt sich an den mit Bedacht gesetzten Fassadenöffnungen, deren einheitliche Abmessungen deutliche Kostenvorteile mit sich bringen. Einerseits befinden sie sich genau dort, wo sie solare Wärmegewinne erbringen und Energieverluste vermeiden, andererseits inszenieren sie den Bezug zur Umgebung mit ihren Wiesen und Weiden gleichsam als spannungsvolle Landschaftsbilder. Die Farbdichotomie Schwarz-Weiß mit schwarz eingefärbten Böden und ebenfalls schwarzen, günstigen Fertigteil-Betontreppen sowie weißen Decken und Wänden unterstreicht die Klarheit der Gestaltung. Im von Süden erhellten, fast 49 Quadratmeter großen Wohn- und Essbereich bieten sich ohnehin weite Durch- und Ausblicke, die einen enorm großzügigen Raumeindruck erzeugen. Die bedachte, hochwertige und filigrane Möblierung setzt dem Auge kaum Grenzen, die Anthrazit-, Schwarz- und Weiß-Töne fügen sich perfekt in das konsequent reduzierte Farbkonzept ein. Auch im Äußeren heischt das Haus mit seiner naturroten Ziegeldeckung und den schlammfarbenen Wänden nicht um Beifall, sondern passt sich ungeachtet seiner bemerkenswerten Architektur demutsvoll in die natürliche Umgebung ein.

Im Frühjahr erstreckt sich vor dem Haus eine riesige Löwenzahn-Wiese. Die Sitzecke besteht aus dem Tisch *Gitt* und den Sesseln *Ray Lounge Chair S* sowie dem Sofa *Mags* von Hay, dahinter eine Stehleuchte von Louis Poulsen.

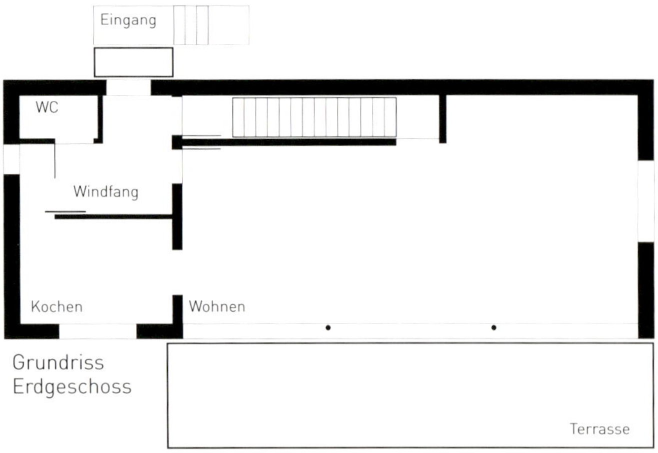

Grundriss
Erdgeschoss

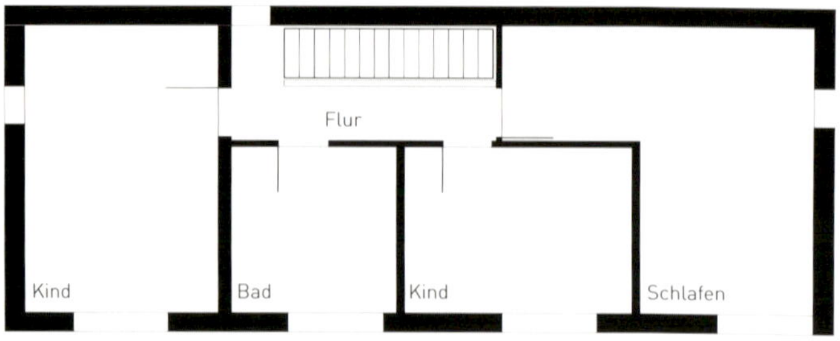

Obergeschoss

Links: Ansicht von Südosten mit der Giebelseite, die gekonnt mit den Rechtecksformen der Fenster spielt.

Rechte Seite oben: Teilansicht der Südfassade bei Nacht.

Rechte Seite unten: Die Nordseite mit Garage, Zugang und Haustüre.

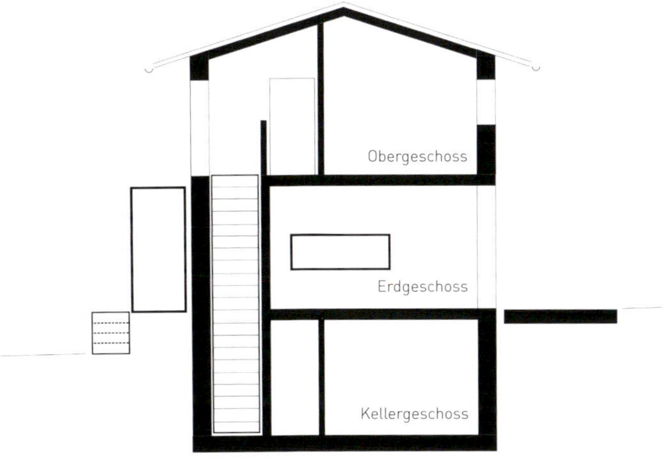

Schnitt

BAUDATEN

Standort: bei Kempten
Bauzeitraum: 2004 (6 Monate)
Grundstücksgröße: ca. 641 m²
Wohnfläche: ca. 135 m² zuzüglich ca. 66 m² Nutzfläche im Kellergeschoss und ca. 28 m² Terrasse
Bruttorauminhalt (BRI): ca. 777 m³
Gesamtkosten brutto (einschließlich Kellergeschoss; inklusive Honorare, Nebenkosten und Steuern, inklusive Ausstattung und Kunstwerke, ohne Carport): ca. 197.000 Euro zuzüglich Architektenhonorar (ca. 15.000 Euro)
Kosten senkende Faktoren: sorgfältige Planung, Begleitung und Kontrolle der Bauabläufe, kompakter Baukörper, durch hohen Kniestock einfache und einheitliche Dachform (ohne Gauben etc.), durch optimale Einpassung ins Grundstück Vermeidung unnötiger Aushub- und Verbauungsarbeiten, sehr gut nutzbarer Grundriss, großenteils offener Raumzusammenhang mit wenigen Innenwänden und -türen, Minimierung der Erschließungsflächen, Verwendung von Beton-Fertigteilen (z.B. für Terrasse, Eingangstreppe, Innentreppen), gerader Treppenlauf, optimale Raumausnutzung, kostengünstige und Arbeitszeit sparende Konstruktionen und Techniken (z.B. viele einheitliche Fensterformate), kostengünstige, dabei aber hochwertige Materialien und Bauprodukte (insbesondere für Sanitärbereich / z.B. Waschtische, Armaturen), einheitliche Materialwahl (z.B. Linoleum für das gesamte EG und Küchenarbeitsplatte, Teppich im OG), kostengünstige Energietechnik (Gas-Brennwerttherme), raumhohe Fenster, Verzicht auf automatisierte Lösungen (z.B. kein BUS-System), sparsame Sanitär- und Elektroplanung/kurze Leitungswege, Eigenleistung (ca. 5.000 Euro für Planungsleistung, 3.500 Euro für Malerarbeiten)
Heizenergiebedarf/Jahr (nach EnEV): ca. 53,4 kWh/m²

70.000 EURO

WOHN-EXPERIMENT ÜBER DEN DÄCHERN VON BERLIN

Ein Kunst-Haus als extremes Low-Cost-Projekt

Planung: Büro für Architektur und Städtebau, Berlin
Martin Heberle, Christof Mayer

Ein Haus mit Spitzdach in der Siedlung am Stadtrand – das war nicht der Traum, den Vera Tollmann und Christian von Borries hatten. Als Künstler und Kreative wollten sie vielmehr eine temporäre Behausung für ihre Kunst und ihr Leben finden, die den mal schnellen, mal eher gemütlichen, aber immer lebendigen Puls von Berlin ins eigene Umfeld transferierte. Die äußere Form wie auch die Ausgestaltung der Architektur durften gerne abseits des Gewohnten liegen – was bei der Betrachtung des fertigen Projekts ohne Zweifel gelungen ist.

DAS HAUS AUF DEM HAUS

Der Platzmangel in großstädtischen Bereichen, wo selbst Restgrundstücke und Baulücken kaum zu finden sind, treibt wie auch in diesem Fall eine zunehmend größere Anzahl von Bauherren und Architekten im wahrsten Sinne auf die Dächer. Die Architekten Martin Heberle und Christof Mayer hatten aber ebenso wenig wie ihre Auftraggeber die Absicht, auf den als Bauplatz auserkorenen, um 1900 errichteten Gewerbebau mit Klinkerfassade eines der üblichen Luxus-Penthouses aufzustocken. Der Gedanke war vielmehr, auf einem Teil des insgesamt 150 Quadratmeter großen Flachdachs eine in Form, Materialität und Anmutung außergewöhnliche, aber bewusst im Geiste der Arte Povera und des bewussten Weniger verortete Behausung zu kreieren, die aber durchaus einen hohen Aufenthaltswert besitzen sollte.

ANLEIHEN BEIM GEWÄCHSHAUSBAU UND ANDERE SPARREZEPTE

Auf der Suche nach einem wunschgemäß transluzenten und gleichzeitig günstigen Material für Tragwerk und Fassaden fiel die Wahl schließlich auf Porenbeton und ein dem Gewächshausbau entlehntes Stahlskelett mit Füllungen aus doppelwandigen Polycarbonat-Stegplatten. Diese lichtdurchlässige, aber bei Tag nicht völlig durchsichtige Fassade aus Kunststoff besitzt einen dämmenden Luftzwischenraum. Im Dachbereich fand eine doppelwandige, pneumatisch »aufgeblasene« Folie Verwendung, für die

Links: Haus der Durchblicke: Der Eingangsbereich.

Rechte Seite: Als Penthouse der anderen Art scheint das neue Wohn- und Ateliergebäude auf dem Dach zu schweben.

Der transluzente Charakter der Architektur tritt bei Nacht besonders deutlich hervor.

eine Abweichung von der Berliner Bauordnung erwirkt werden konnte. Mit dieser unschlagbar einfachen und günstigen Konstruktion, die letztlich Quadratmeterpreise von um 500,00 Euro zu verwirklichen half, ist eine Nutzung in der warmen Jahreszeit ebenso möglich wie in den Übergangsmonaten. Tagsüber bildet der Bau trotz der außergewöhnlichen Architektur einen doch sehr unauffälligen Übergang zwischen Bestandbau und Himmel, bei Nacht avanciert das Haus zum Leuchtkörper. Aufgrund der vorhandenen massiven Wände aus Porenbeton, der aufgrund seines günstigen Preises, seines geringen Gewichts und seiner leichten Verarbeitbarkeit ausgesucht worden war, der in Leichtbauweise eingezogenen Trennwände und der entsprechenden Grundrissplanung gibt es aber ausreichend Rückzugsbereiche, die den Blicken der Stadt auch nachts entzogen sind.
Ein weiterer Kostenvorteil des Konzepts bestand darin, dass bereits Versorgungsleitungen für Strom, Gas und Wasser vorhanden waren, die lediglich durch die bei den Arbeiten freigelegte Stahlbetondecke des Bestandsbaus hindurch verlängert werden mussten.

SPANNUNGSMOMENTE NAH AM HIMMEL

Von der Gesamt-Dachfläche sind mit 90 Quadratmetern knapp zwei Drittel überbaut worden, insgesamt steht eine Wohnnutzfläche von 145 Quadratmetern zur Verfügung – dies entspricht der eines Einfamilienhauses für eine vierköpfige Familie! Das heißt letztlich, dass das extreme Low-Cost-Konzept das loftartige Wohnen erst mit ermöglichte. Vor dem Kunst-Haus bildet eine mehrstufige Terrasse den Auftakt, die aufschiebbaren Polycarbonat-Türen öffnen den Blick in einen Raumzusammenhang, der in seiner Wirkung von den transluzenten Wänden, der intensiven Belichtung und der offenen inneren Organisation sowie den verschiedenen Niveaus profitiert. Während sich der Atelier- beziehungsweise Aufenthaltbereich mit der wunderbaren, das »steinerne« neue Berlin ironisch zitierenden Marmor-Kaminecke exponiert und offen zeigt, sind die eingetiefte Koch-/Ess-Zone und die Musik-Empore deutlich intimer gedacht. Zwei simple Aluminiumleitern fungieren als Verbindungstreppen zu den beiden zusammen 55 Quadratmeter großen Emporen. Ein selbst gebautes Küchenmodul auf Rollen kann drinnen wie draußen eingesetzt werden.

Was durchaus auch als gelungener Selbstversuch in Sachen Bescheidung und Sparsamkeit interpretiert werden könnte, ist ein wahrhaft kreativer Ort für das Kunstschaffen und die Kontemplation geworden.

Linke Seite: Außergewöhnliche paaren sich mit einfachsten baulichen Elementen, hier die großzügige Raumqualität und der offene Kamin mit der simplen Aluminiumleiter.

Oben: Bei insgesamt hoher Transparenz und Durchgängigkeit sind im Grundriss auch Räume mit besonderem, teils intimem Charakter wie die eingetiefte Küche und der erhöhte Musikplatz vorgesehen.

Ganz oben: Ansicht des Terrassenpodests.

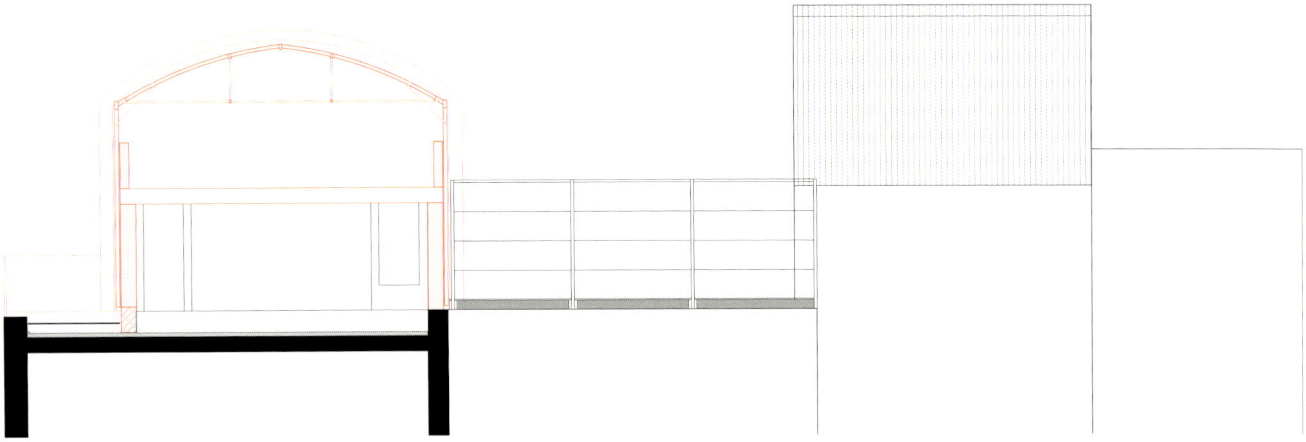

Schnitt B

Auf der oberen Wohnebene: In dem Podest unter dem erhöhten Fußboden ist reichlich Stauraum vorhanden.

Die Polycarbonat-Stegplatten dienen hier sowohl als Fassaden wie auch als Außenwände und verdeutlichen den weitgehend simplifizierten, experimentellen Charakter des Bauwerks.

BAUDATEN

Standort: Berlin
Bauzeitraum: 2009–2010 (5 Monate)
Grundstücksgröße/Dachfläche: ca. 150 m²
Wohnfläche: ca. 145 m²
Gesamtkosten brutto (inklusive Honorare, Nebenkosten und Steuern): ca. 70.000 Euro
Kosten senkende Faktoren: sorgfältige Planung, Begleitung und Kontrolle der Bauabläufe, sehr günstige und Arbeitszeit sparende Konstruktion (Porenbeton / Stahl / Polycarbonat / Folie), kompakter Baukörper, großenteils offener Raumzusammenhang mit wenigen Innenwänden und -türen, extrem günstige Materialien und Produkte beim Innenausbau (z.B. Aluleiter als Treppe), Verzicht auf automatisierte Lösungen (z.B. kein BUS-System), sparsame Sanitär- und Elektroplanung, besonders kurze Leitungswege durch Nutzung der bestehenden Leitungen, Nutzung der vorhandenen Heizzentrale

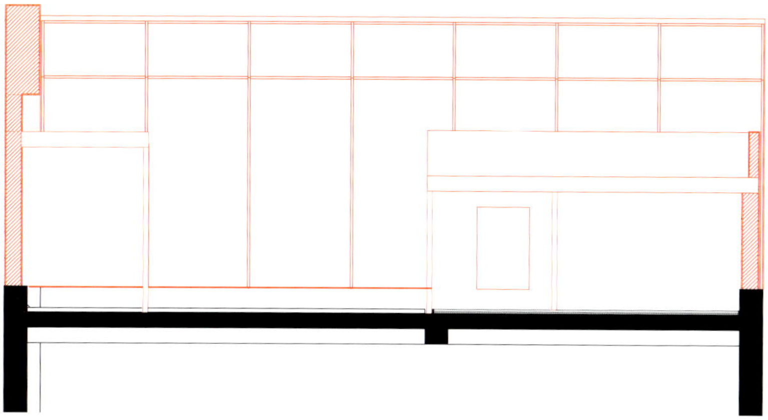

Schnitt A

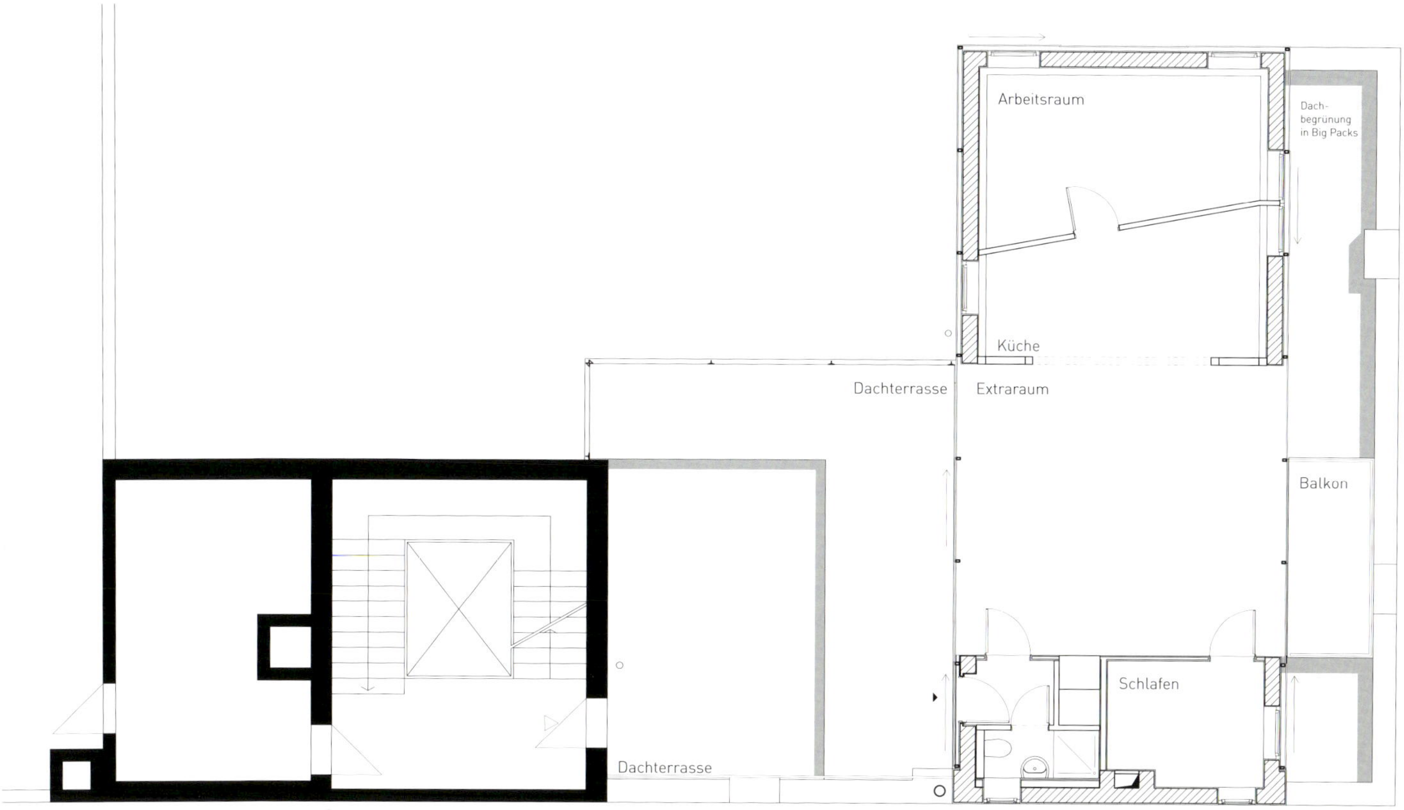

Grundriss

< 225.000 EURO

LEUCHTENDES SPAR-BEISPIEL

Ein Heim für fünf ohne Beengtheit

Planung: Arbeitsgemeinschaft Rainer Hoffmann Architekt, München, und Peter Fakler Architekt, Kempten

Häuser in Hanglage gehören nicht nur aus dem Grund zu den planerisch schwierigsten Aufgaben, dass die Gebäude so unauffällig wie möglich in die Morphologie des Geländes eingepasst werden müssen, sondern stellen oft auch ein Hindernis für das kostengünstige Bauen dar. Nicht jedoch bei dem von Rainer Hoffmann und Peter Fakler entworfenen Haus für eine Familie mit drei Kindern, das sie zusammen als Arbeitsgemeinschaft umgesetzt haben.

PERFEKT IM RAUM VERORTET, OHNE KELLER GEBAUT

Da das Grundstück im Neubaugebiet eine starke Hanglage aufwies, waren die Abmessungen der Gebäude und deren Verortung auf der Parzelle Faktoren, die über das Gelingen des Projekts mit entschieden. Der Hang und die sich gleichsam daran anschmiegende Garage sind dabei als Einheit gesehen, die sich dem Gelände anpassen und zusammen mit der vorgelagerten Zufahrt einen Pufferbereich zur Erschließungsstraße schaffen sollten. Gleichzeitig wollte man sich aus Kostengründen auf zwei Wohngeschosse ohne eigentlichen Keller beschränken; dank der vorliegenden Morphologie können sowohl das Erdgeschoss (gleichzeitig Eingangsebene) als auch das Obergeschoss – vom oberen Bereich des Gartens und der Terrasse auf dem Garagendach – ebeneerdig betreten werden.

RAUM SPARENDER GRUNDRISS, KLARE ZONIERUNG

Direkt und barrierefrei gelangt man vom Haupteingang zu den Räumen des Erdgeschosses, wo sich unter anderem die drei Kinderzimmer befinden und das nicht zuletzt aufgrund seiner großen südseitigen Glasscheiben eine in jeder Hinsicht vollwertige Wohnebene darstellt. Eine nordseits angeordnete, Raum sparende Treppe führt zur Wohnebene mit offener Sitz-, Ess- und Kochzone sowie dem östlich untergebrachten Elterntrakt mit eigenem Bad. Ungeachtet der mit 155 m² nicht übermäßig großen Gesamtwohn- und Nutzfläche und des weithin offen gehaltenen Grundrisses erreichte man eine perfekte Separierung von Eltern- und Kindertrakt, die bei allen Familienmitgliedern ausgesprochen gut ankommt. Man trifft sich zum Essen oder Spielen im gemeinsamen Bereich und genießt den vom Obergeschoss besonders guten Fernblick, bei schönem Wetter bietet der lang gestreckte Balkon einen zusätzlichen Aufenthaltsraum und schenkt den Kinderzimmern im Sommer wohltuenden Schatten.

Dank des Konstruktions-Konzepts mit nicht tragenden Zimmerwänden im Erdgeschoss und dem über die gesamte Raumtiefe tragenden Dach im Obergeschoss besitzt das Haus auch auf lange Sicht eine große Flexibilität in der Nutzung.

Linke Seite: Der Balkon spendet nicht nur den Kinderzimmern Schatten, sondern schuf auch geschützte Hängematten-Plätze, um zwischendurch die Seele baumeln zu lassen.

Unten: Die Südwest-Ansicht zeigt, wie gekonnt hier mit offenen und geschlossenen Flächen gespielt wird. Die Verglasung des Westgiebels, die das Erdgeschoss direkt mit dem Sitzplatz auf der Terrasse verbindet, kann mittels eines Schiebeladens geschlossen werden. Der großzügige, wettergeschützte Aufenthaltsraum auf dem Balkon gehört bei einem sparsam gebauten Haus zu den seltenen Elementen.

Oben: Blick über den Essbereich mit den »Ameisen«-Stühlen von Arne Jacobsen und der Artemide-Leuchte zur offen anschließenden Küche. Der überdachte Balkon setzt den Lebensraum nach draußen fort.

Rechte Seite: Blick vom Balkon in den gemeinsamen Ess- und Wohnbereich. Die großen Glasflächen sind durch den Dachüberstand im Sommer wirkungsvoll vor Überhitzung geschützt, im Winter erwärmen die Sonnenstrahlen die Räume mit.

KOMPAKTER BAUKÖRPER OHNE ÜBERFLÜSSIGEN SCHNICKSCHNACK

Die Einpassung in die Landschaft gelang hier nicht nur durch die Anpassung der Wohnebenen an den Geländeverlauf, sondern auch durch das Aufgreifen traditioneller regionaler Gestaltungselemente wie das Satteldach mit Überstand, den Einsatz von Massivholz und die bewusst einfach gehaltene und kompakte Form ohne Erker oder Ähnliches, die sich insbesondere sehr positiv auf die Baukosten, aber durchaus auch auf den Energieverbrauch im täglichen Betrieb auswirkt. Die optimale Dämmung, die sehr gute Luft- beziehungsweise Winddichtheit wie auch die großen Glasflächen nach Süden sind deutliche Kennzeichen eines zeitgemäßen energieeffizienten Wohnhauses. Hier ist die räumlich exponierte Situation nicht nur städtebaulich und gestalterisch optimal genutzt, sondern durch kompakte Form des Baukörpers, einen überlegten Grundriss und die sorgfältige Kontrolle der Arbeiten in allen Bauphasen auch zu einem wahrlich familienfreundlichen Preis realisiert worden. Verdienter Lohn war die Aufnahme in die Kandidatenliste für den Baupreis Allgäu 2009.

Unten: Die Treppe führt vom Eingang in die Wohnebene.

Unten rechts: Blick in das Schlafzimmer.

Oben: Der offene Grundriss lässt – bis hin zur filigranen Brüstung aus Flachstahl - den Raumzusammenhang bestmöglich erleben und spart zudem bares Geld. Rechts der Ausgang zur Dachterrasse, nach unten geht es zu den Kinderzimmern und zum Hauseingang.

Rechts beide: Die Westseite des Hauses mit der Sonnenterrasse.

BAUDATEN

Standort: bei Kempten/Oberallgäu
Bauzeitraum: 2008 (8 Monate)
Grundstücksfläche: ca. 595 m²
Wohnnutzfläche: ca. 155 m²
Gesamtkosten brutto (inklusive aller Honorare, Nebenkosten und Steuern, ohne Garage und Gartenanlage): unter 225.000 Euro
Kosten senkende Faktoren: kompakter Baukörper, Verzicht auf Keller, sehr gut nutzbarer Grundriss, im OG weitgehend offener Raumzusammenhang mit wenigen Innenwänden und -türen, kostengünstige Materialien und Bauprodukte (z.B. Bodenbeläge UG/Zementestrich und Industrieparkett, Wärmedämmung UG), sorgfältige Planung, Begleitung und Kontrolle der Bauabläufe, Eigenleistung (Malerarbeiten innen und außen)
Heizenergiebedarf/Jahr (nach EnEV): 60 kWh/m²

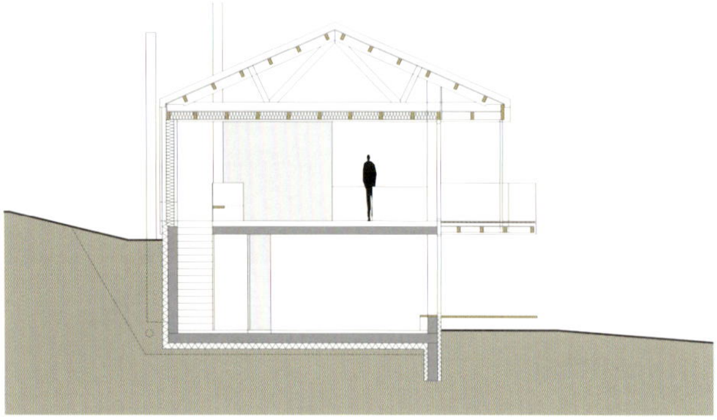

Schnitt

Gesamtansicht mit der vorgelagerten Doppelgarage, auf der die Terrasse angelegt worden ist.

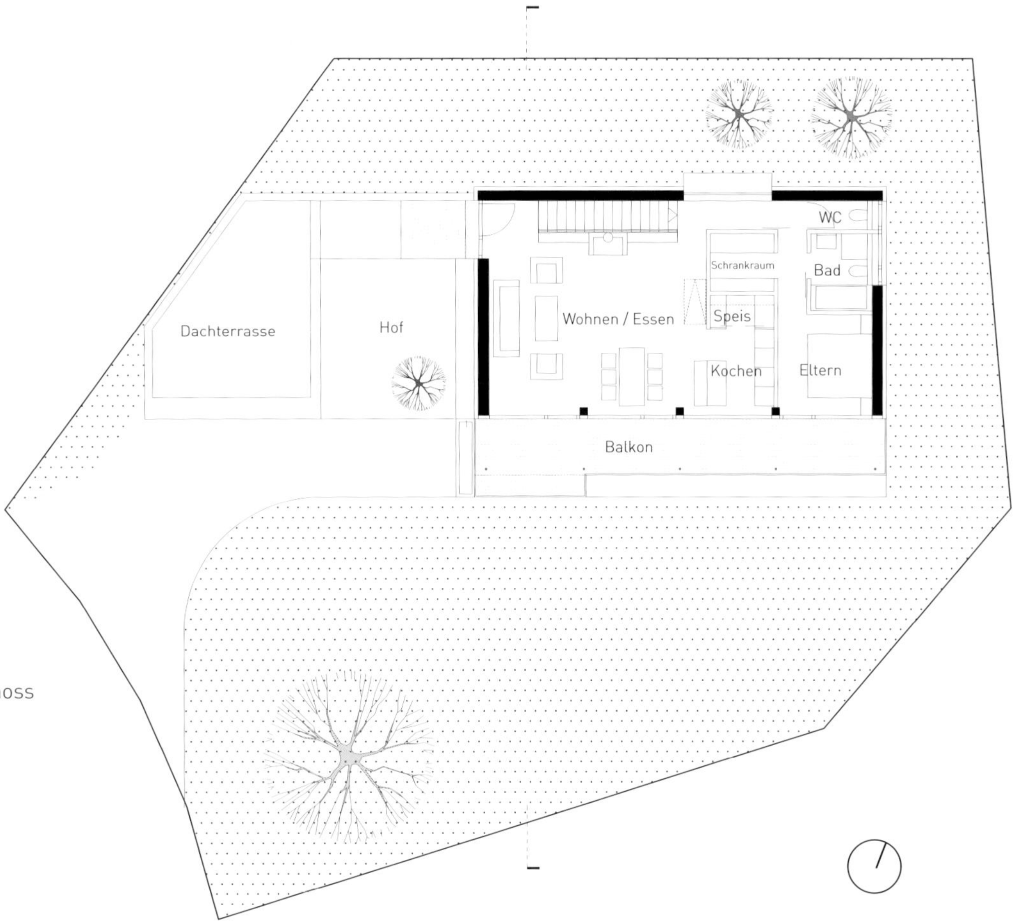

Obergeschoss

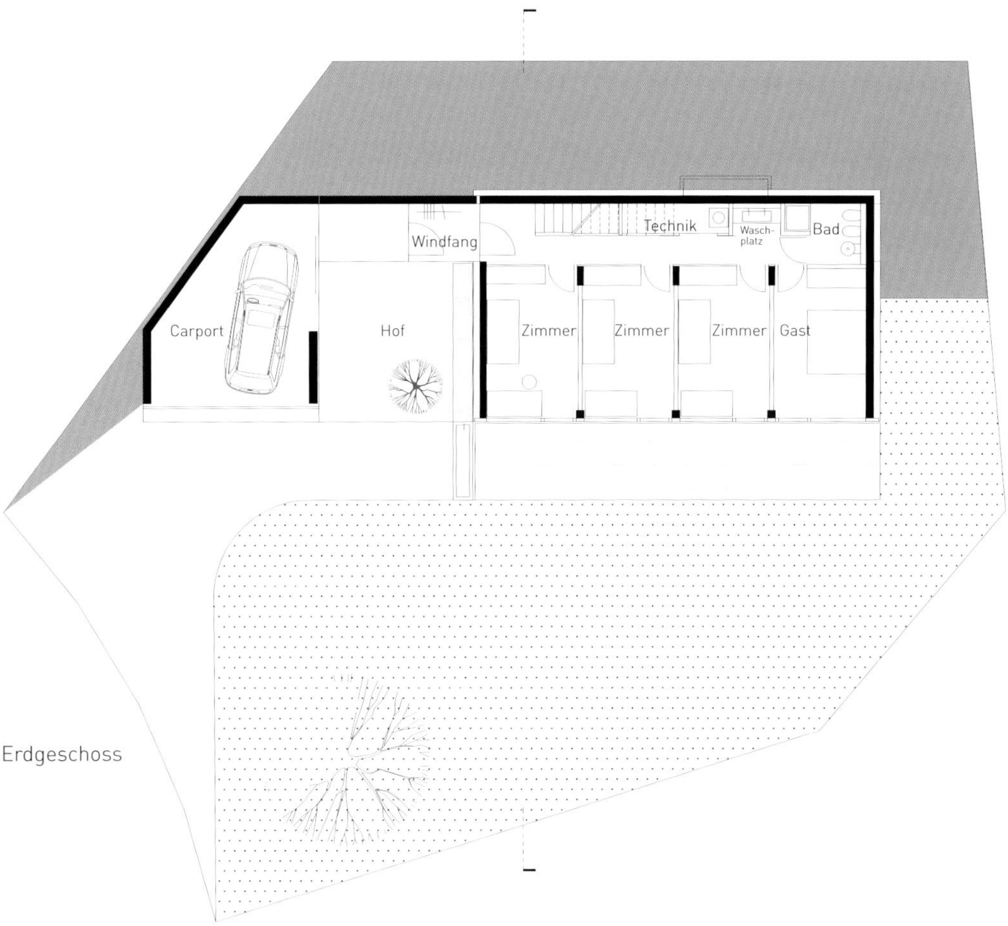

Grundriss Erdgeschoss

GEMEINSAM BAUEN, KOSTEN SPAREN

Ein ökologisches Reihenhaus bei München zum Vorzugspreis

Planung: Ökologisches Bauen, Architekt Hanno Kapfenberger, München, und Andreas Staudacher Architekt, München

Bauen in Ballungsräumen ist schon beinahe unerschwinglich geworden. Dies gilt insbesondere auch für die Stadt München, wo sich das Reihenmittelhaus der Familie Strohmaier befindet. Kaufpreise von mehr als 400.000 Euro für neu errichtete Reihenhäuser mit gehobenem Standard sind hier eher die Regel als die Ausnahme, nach oben sind kaum Grenzen gesetzt. Umso erstaunlicher, dass es dem Architekten Hanno Kapfenberger zusammen mit seinen Bauherren gelang, ein gestalterisch vorbildliches Familien-Haus für unter 220.000 Euro Gesamtkosten zu realisieren.

GEWUSST WIE – GÜNSTIG, HOCHWERTIG UND ÖKOLOGISCH BAUEN IN MÜNCHEN

Vergleicht man das gemeinschaftliche Bauvorhaben mit gewöhnlichen Reihenhausprojekten, so ist ein eminenter Kostenvorteil festzustellen. Dazu, dass die Gesamtkosten des hier vorgestellten Reihenmittelhauses am Ende derart niedrig ausfielen, leistete natürlich auch der Bauherr seinen Beitrag, indem er unter anderem den Großteil der Malerarbeiten, das Verlegen der Böden und Terrassen sowie die Bepflanzung des kleinen Gartens selbst übernahm. Allerdings wäre das Hausmodell auch ohne Eigenleistungsanteil noch außerordentlich günstig realisiert worden. Und dies bei hohem Architektur- und Lebens-Mehrwert, denn das Neubauprojekt mit elf Wohneinheiten, die durch eine kinderfreundliche, den Gärten vorgelagerte Spielstraße erschlossen sind, ist auch energetisch und ökologisch auf höchstem Niveau angesiedelt. Mit Verbrauchswerten von deutlich unter 40 KWh/m²a erreichte man durchgehend sehr guten Energiestandard, was die Reihenhäuser auch im Betrieb zu kleinen Sparwundern macht. Eine allen Eigentümer-Parteien gemeinsame und dadurch besonders kosteneffiziente Nahwärmezentrale, die ihre Energie aus CO_2-neutral verbrennenden Holzpellets und Solarenergie gewinnt, sowie eine kontrollierte Be- und Entlüftung mit Wärmerückgewinnung setzen höchste Standards. Unbehandeltes Lärchenholz als Fassadenverkleidung, eingeblasene Zelluloseflocken und Holzweichfaser als Dämmmaterialien sowie nicht zuletzt eine naturnahe Gestaltung der Außenbereiche vervollständigen das naturnahe Gesamtkonzept.

Links: Blick entlang der holzverschalten Nordfassade mit dem Eingang und dem Schiebeladen vor dem Küchenfenster.

Rechte Seite: Ansicht des Reihenhauses von Südosten mit gratis Beschattung durch einen auf dem Grundstück vorhandenen und erhaltenen Baum.

DURCHGÄNGIGKEIT UND BEEINDRUCKENDE RAUMWIRKUNG IM REIHENHAUS

Dass der oft von Reihenhäusern bekannte Eindruck der Beengtheit gar nicht erst aufkommen konnte, dafür sorgte die individuelle Planung des Architekten. Offene Grundrisse, insbesondere im Erdgeschoss mit zugeordnetem Wintergarten, Balkonen nach Süden und Galerie sowie großflächige Verglasungen machen die Raumbeziehungen durchgängig und erweitern die Räume nach draußen. Überflüssige Erschließungsflächen wurden konsequent eingespart, der vorhandene Platz beispielsweise durch die Lagerfläche im Dachspitz in einem der Kinderzimmer bestmöglich ausgenutzt. Die Kosten der großen Verglasungen konnten durch die hohen Stückzahlen und einheitlichen Maße der benötigten Bauteile vermindert werden. Hochwertige und natürliche Materialien wie Massivholzböden (Kirsche im Erdgeschoss, Lärche in den oberen Geschossen), die vom Hausherrn selbst verlegt worden sind, waren durch die Organisation eines Restpostens möglich. Das sparsame Planungskonzept ging mit intelligenter Kostenvermeidung im Detail einher, sodass insgesamt architektonisch und ökologisch höchste Standards zu geringsten Kosten verwirklicht werden konnten.

Oben: Zwischen Wintergarten, Sitzecke und Terrasse.

Linke Seite beide: Das Erdgeschoss mit seinem im Charakter warmen Kirschholzboden lebt von der Durchgängigkeit zwischen Essplatz, Wohnbereich, Wintergarten und Terrasse. Der Garten wird auch durch die hohe Transparenz der südlichen Fassade als Teil des Wohnbereichs wahrgenommen.

Oben: Die Reihenhauszeile besitzt insgesamt 5 Einheiten, deren modular »zusammensetzbare« Fassaden individuell und dennoch günstig erstellt werden konnten. Einheitliche Elemente wie etwa identische beziehungsweise gespiegelte Wintergärten wirkten sich deutlich Kosten senkend aus.

Links: Südansicht des Reihenmittelhauses.

Rechte Seite oben links: Die Galerie über Treppe und Bad dient als zusätzliche Lagerfläche.

Rechte Seite oben rechts: Große Dachflächenfenster und die Kniestock-Verglasungen schaffen optische Großzügigkeit.

Rechte Seite unten: Kinderzimmer mit Blick in den Garten und Balkon, der auf dem Wintergarten aufgesetzt wurde.

Dachgeschoss

Obergeschoss

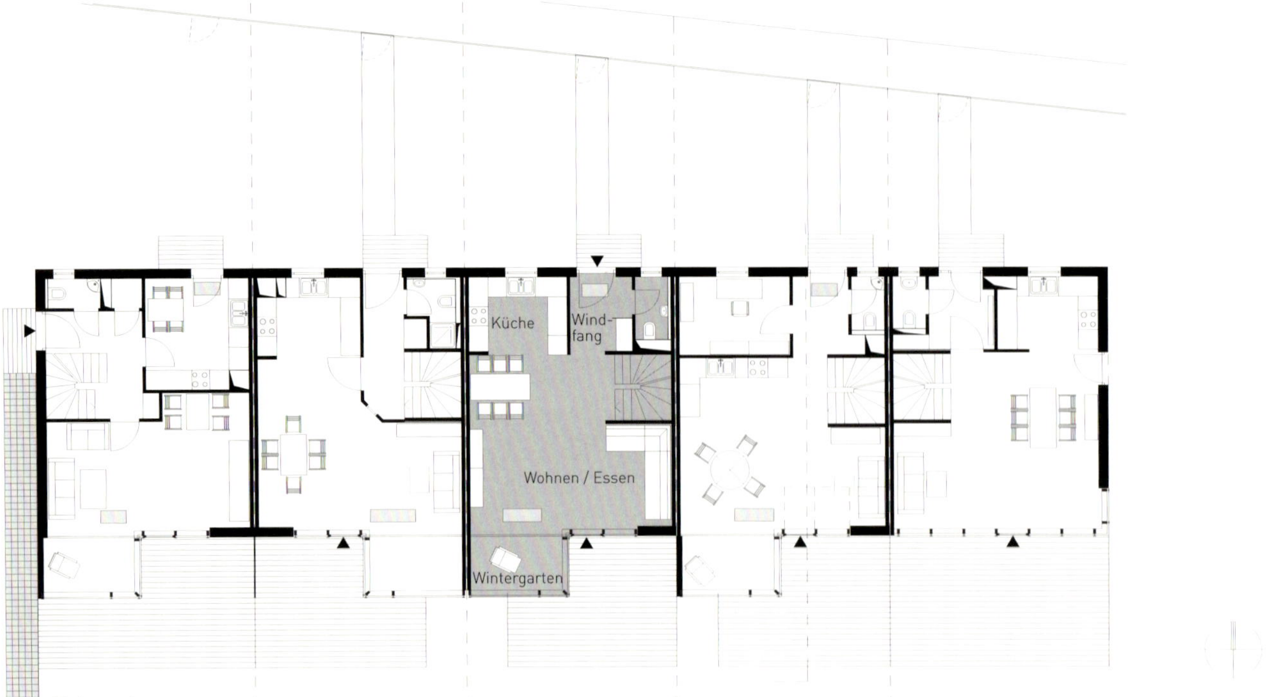

Erdgeschoss

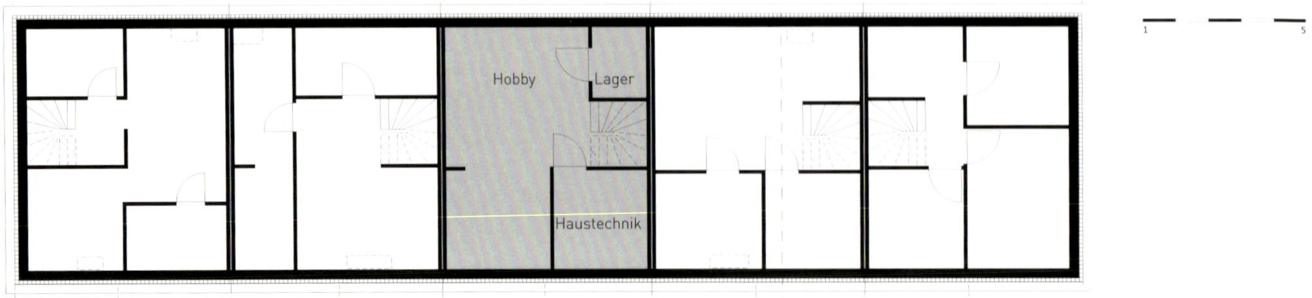

Grundriss Untergeschoss

BAUDATEN

Standort: München
Bauzeitraum: 2005 (5 Monate)
Grundstücksgröße des vorgestellten Reihenmittelhauses: ca. 230 m²
Wohnfläche Reihenmittelhaus: ca. 127 m² zuzüglich ca. 56 m² Nutzfläche, ca. 16 m² Terrasse und 6 m² Balkon
Bruttorauminhalt Reihenmittelhaus (BRI): ca. 601 m³
Gesamtkosten brutto (inklusive Honorare, Nebenkosten und Steuern, inklusive Außenanlagen): ca. 218.000 Euro
Kosten senkende Faktoren: sorgfältige Planung, Begleitung und Kontrolle der Bauabläufe, kompakter Baukörper mit bautypbedingten geringen Baumassen, sehr gut nutzbarer Grundriss, in EG und KG offener Raumzusammenhang mit wenigen Innenwänden und -türen, Minimierung der Erschließungsflächen, optimale Raumausnutzung, kostengünstige und Arbeitszeit sparende Konstruktionen und Techniken (z.B. viele einheitliche Fensterformate), kostengünstige, dabei aber hochwertige Materialien und Bauprodukte (z.B. günstige Restposten, Bodenbelag Industrieparkett), kostengünstige Energietechnik durch gemeinsame Nahwärmezentrale (Pelletsheizung), raumhohe Fenster, Verzicht auf komplexe technische Lösungen (z.B. kein BUS-System), sparsame Sanitär- und Elektroplanung/kurze Leitungswege, gute Handwerkerpreise durch gemeinsame Ausschreibung, Eigenleistung (ca. 10% der Handwerkerleistungen)
Heizenergiebedarf/Jahr (nach EnEV): ca. 33,6 kWh/m²

Rechts oben: Die in Eigenleistung mit Lärchenholz gedeckte Terrasse bietet einen beschützten Aufenthaltsplatz. Die Dreifachverglasungen schützen im Winter vor Wärmeverlusten, Jalousetten bewahren die Räume im Sommer vor Überhitzung.

Rechts: Beim Hauseingang ist erkennbar, dass das Höhenraster und damit auch der Kostenrahmen eingehalten worden ist.

208.000 EURO

KLASSISCH MODERN, ZEITGEMÄSS GÜNSTIG

Wohnhaus am Waldrand bei Göttingen

Planung: K2 Architekten/Irmgart Kösters, Bovenden

Modern, lichtdurchflutet und energiebewusst sollte es sein, das Traumhaus. Das wunderbare Grundstück in Waldrandlage bei Göttingen bot für diese Wünsche der Bauherren beste Voraussetzungen und erforderte sogar, darauf mit einer adäquaten Architektursprache zu antworten. So weit, so einfach, würde man bei großzügigem Budget sagen. Da das Vorhaben aber auch noch besonders preisgünstig verwirklicht werden sollte, wäre dies manchem Planer sicherlich wie die Quadratur des Kreises erschienen. Die Architektin Irmgart Kösters aber schreckte vor der Aufgabe nicht zurück, sondern setzte sich intensiv für das Gelingen des Projekts ein.

WEISSER KUBUS MIT VIEL GLAS – FÜR WENIG GELD

Aufgrund der direkten Nachbarschaft des Waldes erschien es der Architektin zwingend, die dorthin orientierte, eigentlich nicht optimal besonnte Seite des Hauses großflächig zu verglasen, während sich die Straßenseite mit dem Haupteingang deutlich geschlossener und intimer darstellt. Auf beiden Geschossen hat man nun das Grün stets im Blick: vom Wohn- und Essraum im Erdgeschoss, vom darüber liegenden Arbeitsbereich und der diesem vorgeschalteten Loggia, die insbesondere von der Abendsonne profitiert. Da großenteils raumhohe Fenster eingesetzt, viele einheitliche Formate gewählt und nur an den wichtigen Stellen Öffnungsflügel vorgesehen werden, hatte der hohe Verglasungsanteil durchaus Spareffekte, zumal an den entsprechenden Partien kostenintensive Mauerwerks- und Putzarbeiten entfielen. Der geringe Rahmenanteil der ausgewählten Elemente brachte sowohl ästhetische als auch energetische Vorteile, was zur Senkung der Betriebskosten beiträgt. Neben dem Ausblick ins Grüne ging es natürlich auch um eine optimale Helligkeitsverteilung in den Räumen, die durch von oben einfallendes weiches Licht um eine zusätzliche Komponente bereichert wird. Die im Bereich des Satteldachteils eingebauten Dachfenster belichten sowohl das Arbeitsimmer als auch den gesamten Erschließungsbereich derart großzügig,

Links: Blick entlang der großflächig, raumhoch verglasten Nordwestfassade. Aufgrund des insgesamt sehr kosteneffizienten Baukonzepts konnte sogar eine gläserne Balkonbrüstung realisiert werden.

Rechte Seite oben: Gesamtansicht von Süden mit der holzgedeckten Terrasse.

Rechte Seite unten: Die auf zwei Geschossen verglaste nordwestliche Fassade öffnet sich ganz zum nahen Wald und blendet das Umfeld aus.

dass man sich selbst bei verdunkelten Fenstern fast wie im Freien fühlt. So ist der Wunsch der Bauherren nach einem lichtdurchfluteten Haus Wirklichkeit geworden.

KOSTENMINIMIERUNG TROTZ ANSPRUCHSVOLLER LÖSUNGEN

Dass die Innenarchitektur dieses Hauses so gar nicht an eine Sparbehausung erinnern will, erstaunt umso mehr, als sogar einige außergewöhnliche Elemente wie eine gefaltete Stahltreppe verwirklicht werden konnten. Auch in Sachen Energieeffizienz braucht das KfW-60-Haus mit seiner 20 Zentimeter starken Außenwanddämmung und dem Energiesystem aus Luftwärmepumpe und Kamin im Wohnbereich keinen Vergleich zu scheuen. Hier wie auch in vielen anderen Details kam es allerdings auf eine gewissenhafte und intensive Abstimmung mit den Handwerkern an, um die hinsichtlich Material und Arbeitszeit jeweils beste und günstigste Möglichkeit der Ausführung zu erreichen.
Findige, perfekt umgesetzte Spar-Ideen prägen das Hausprojekt in vielfacher Hinsicht. Dazu zählt auch die von der Architektin vorgeschlagene Lösung, die ursprünglich viel zu große und zu teure Parzelle gemeinsam mit anderen Bauherren zu erwerben und zu teilen, was erhebliche Grunderwerbskosten einsparte.

Links: Das Natur-Zimmer: Wohnen und Essen sind in einem Raum vereinigt, der dank der großen Glasflächen einen freien Blick in die Landschaft und in den Garten ermöglicht. Links der Durchgang zur separat organisierten Küche.

Unten: Waldblick über Eck durch den hier zur Terrasse geöffneten Essbereich. Ansonsten sind die Öffnungsflügel aus Kostengründen auf ein Minimum beschränkt. Oben der Durchblick zur Dach-Loggia.

ARCHITEKTEN UND BAUHERREN ALS TEAM

Die Eigenleistung der Bauherren bestand in diesem Fall zwar durchaus auch in ganz praktischen Tätigkeiten, so etwa Spachtel- und Malerarbeiten, vor allem aber in dem hohen Engagement, das man gemeinsam mit der Architektin zeigte, um das Sparziel zu erreichen. Das bedeutete, viel Geduld und Bereitschaft zur Diskussion alternativer Ideen aufzubringen, sich stets an die gemeinsam getroffenen Abmachungen zu halten und in Abstimmung mit den Planern selbst nach hochwertigen und günstigen Produkten zu suchen. Die Eheleute investierten Zeit in intensive Marktforschung und Beratung mit der Architektin, die Tipps für günstige Materialien aus dem Fachhandel oder aus dem Internet gab, etwa für Beläge, Armaturen, Waschtische, Deckenspots und die Treppe begleitende Einbauleuchten.
Das Ergebnis gibt den Bauherren und ihrer Architektin in allen Punkten Recht – vor allem auch in preislicher Hinsicht. Übrigens musste auch ein Architektenkollege, der die Einhaltung des überaus günstigen Kostenrahmens zunächst nicht glauben konnte, nach Rücksprache mit den Planern seine Einschätzung ändern. Fazit: Beste Architektur und Sparen passen durchaus zusammen, wenn alle Beteiligten das Ziel im Blick haben und die Bereitschaft mitbringen, die dafür nötige Zeit und Mühe zu investieren!

Linke Seite oben: Der Wohnbereich ist dank der großen Fenster stets bestens belichtet, im Winter spendet der Kamin Wärme.

Linke Seite unten: Blick durch das gesamte Erdgeschoss.

Rechts oben: Die gefaltete Treppe ins Obergeschoss, rechts der Eingangsbereich.

Rechts: Arbeitszimmer und Erschließungsbereich profitieren von der perfekten Lichtführung.

22

BAUDATEN

Standort: bei Göttingen
Bauzeitraum: 2006 (5 Monate)
Grundstücksgröße: ca. 860 m²
Wohn- und Nutzfläche: ca. 192 m² zuzüglich ca. 16 m² Balkon und 80 m² Terrassen
Bruttorauminhalt (BRI): ca. 744 m³
Gesamtkosten brutto (inklusive Honorare, Nebenkosten und Steuern, ohne Garage und Terrasse): ca. 208.000 Euro
Kosten senkende Faktoren: sorgfältige Planung, Begleitung und Kontrolle der Bauabläufe, kompakter Baukörper, durch optimale Einpassung ins Grundstück Vermeidung unnötiger Aushub- und Verbauungsarbeiten und kurze Wege, Verzicht auf einen Keller, sehr gut nutzbarer Grundriss, großenteils offener Raumzusammenhang mit wenigen Innenwänden und -türen, relativ geringe Deckenhöhen (2,40 m), gerader Treppenlauf, optimale Raumausnutzung, kostengünstige, dabei aber hochwertige Materialien und Bauprodukte (z.B. Armaturen, Waschtische, Leuchten), raumhohe Fenster mit wenigen Öffnungsflügeln, Verzicht auf außen liegenden Sonnenschutz, viele einheitliche Formate und Produkte (z.B. Bodenbeläge), Verzicht auf automatisierte Lösungen (z.B. kein BUS-System), sparsame Sanitär- und Elektroplanung / kurze Leitungswege, ferner Verringerung des Grunderwerbspreises durch Teilung des Grundstücks, Eigenleistung (z. B. Spachtel- und Malerarbeiten innen)
Heizenergiebedarf/Jahr (nach EnEV): ca. 55,5 kWh/m² (KfW-60-Haus)

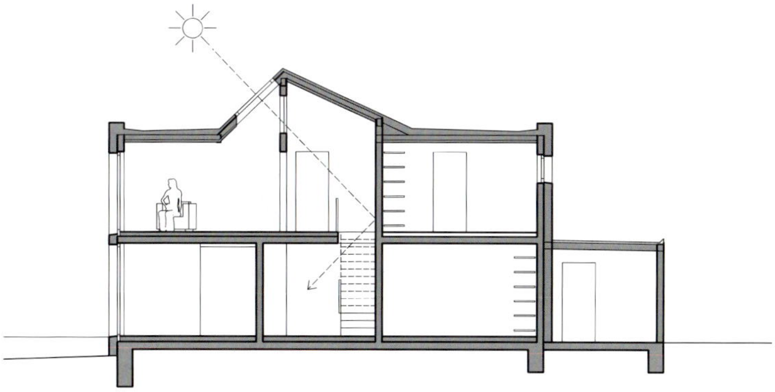

Schnitt

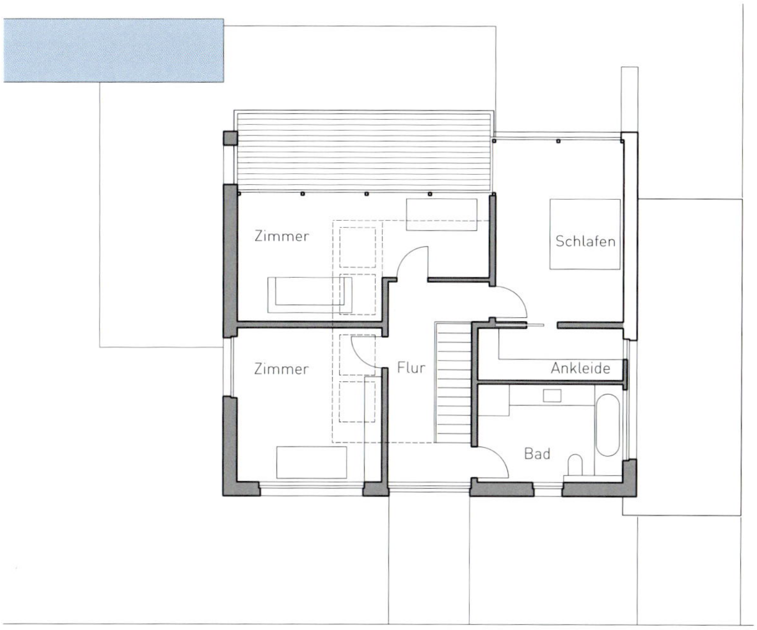

Obergeschoss

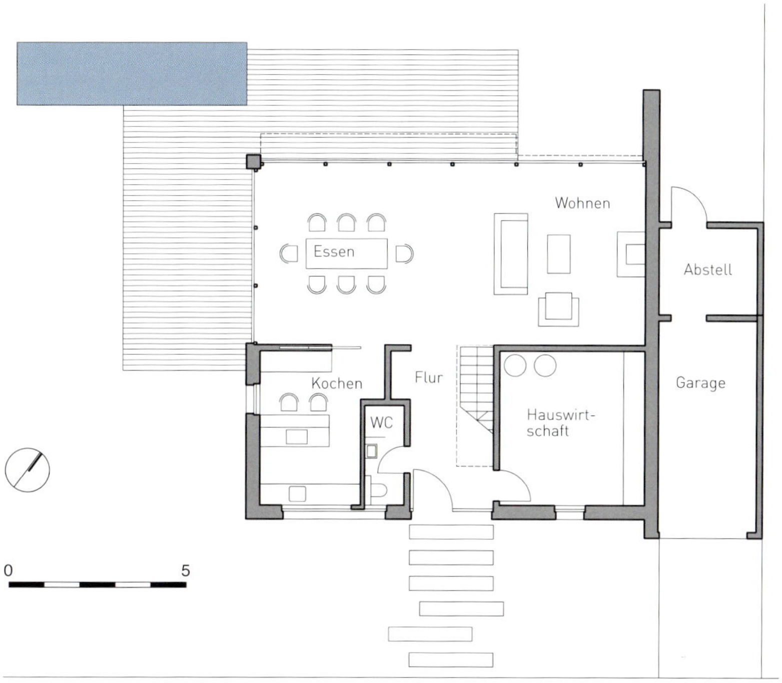

Grundriss Erdgeschoss

Linke Seite oben: Ansicht der Eingangsseite.

Linke Seite unten: Die Balkon-Loggia im Obergeschoss ist ein intimer, der Natur zugewandter Entspannungs-Raum im Freien.

187.000 **EURO**

SPEKTAKULÄRE ERSCHEINUNG MIT SPAR-MEHRWERT

Ein Haus für eine kleine Familie in Niedersachsen

Planung: K2 Architekten/Kai Korth, Bovenden, und Architektin Meike Alonso Malo

Ein architektonisches Kleid, das nicht von der Stange ist, für wenig Geld? Was vielen potentiellen Bauherren als unmöglich erscheint, wurde 2009 in einer niedersächsischen Kleinstadt verwirklicht. Für eine kleine Familie planten K2 Architekten zusammen mit der Bauherrin, die selbst vom Fach ist, ein außergewöhnliches Haus, das aussieht wie eine schnittige Motorjacht, die an einem großen Meer von Raps vor Anker gegangen ist.

HOCHWERTIGES INNENLEBEN BEI GERINGEN KOSTEN

Das Wohnen in diesem Sparhaus besitzt einen erstaunlich hohen Erlebnisfaktor. Ungeachtet der überschaubaren Gesamtwohn- und Nutzfläche von 132 m² und der aus Kostengründen niedrigen Geschosshöhen (lichte Raumhöhe 2,43 m) überrascht das Gebäude durch ein sagenhaftes Innenleben. Lange, teils spannungsvoll abknickende Blickachsen von Nord nach Süd durchs ganze Haus erzeugen zusammen mit dem offenen Grundriss und dem Luftraum über dem Wohn- und Essbereich sowie den großen Glasflächen mit Ausblick nach Süden und Westen ein Raumempfinden der ganz besonderen Art. Im Erdgeschoss hat man sich übrigens Innentüren ganz gespart, das Gäste- und Arbeitszimmer ist somit Teil des durchgängigen Raumkonzepts.

RAUMSPARLÖSUNGEN UND GROSSE WIRKUNG

Unter der schnörkellos gerade nach oben führenden Treppe entstanden zur optimalen Ausnutzung des vorhandenen Platzes eine Garderobe und Stauraum für diverse Gegenstände, die so elegant den Blicken entzogen sind und die visuelle Klarheit noch verstärken. Gleichzeitig konnte dafür zusätzlicher Raum an anderer Stelle eingespart werden. Die Stufen führen hinauf zum deutlich kleineren Obergeschoss. Kinderzimmer und Bad sind von Westen, der Treppenbereich von Osten bestens belichtet, brauchen aber keine Überhitzung zu befürchten. Vom Flur aus eröffnet sich gleichsam wie von einer Theaterloge herab der Blick auf die »Bühne«, den Koch-, Ess- und Wohnbereich. Das Raumprogramm ist insgesamt für eine dreiköpfige Familie völlig ausreichend, die Raumwirkung ohnehin erstaunlich.

Links: Durchgängigkeit, soweit das Auge blickt – hier von der Küche bis zum Hauseingang.

Rechte Seite oben: Dynamische Yacht mit Carport: Ansicht des Hauses von der Anliegerstraße.

Rechte Seite unten: Auf der südlichen und westlichen Gartenseite dominieren großflächige Verglasungen, der Dachüberstand schützt die Terrasse vor Regen und die Innenräume vor Überhitzung.

ARCHITEKTUR AHOI!

Neben den äußeren Kennzeichen einer Yacht wie dem elegant geformten Rumpf, schmaler Kommandobrücke, schnittigem Bug und weiß strahlendem Äußeren vermittelt dieses Bootshaus auch ansonsten eine unwiderstehliche Dynamik. Die auskragenden, teils unregelmäßig geschnittenen Vordächer setzen die Lineaturen fort und verleihen zusätzliche Leichtigkeit, insbesondere über dem Carport.

Von der Straße führt ein langer Holzsteg vorbei an filigranen Stahlstützen zum Eingang hin, der seinen Gegenpart in der Terrasse auf der Gartenseite findet. Bei aller gestalterischen Hochwertigkeit ist stets darauf geachtet worden, dass Kostenvorteile realisiert werden konnten. Das Flachdach ist in einer besonders preiswerten Variante ausgeführt, nämlich mit Dämmung auf den Sparren, Foliendeckung und mit ein-

Blick vom Obergeschoss in den Wohn-, Ess- und Kochbereich.

Oben: Ungeachtet der Kosten sparenden geringen Raumhöhen ist der Raumeindruck ausgesprochen großzügig. Hier der Blick über den Esstisch nach Südwesten mit dem Dreiecksfenster, das zusätzliche Helligkeit bringt.

Ganz oben: Der Blick über die Sitzecke (mit türlosem Durchgang zum Arbeits- und Gästezimmer) führt die Großzügigkeit der Innenräume vor Augen. Der raffiniert gesetzte Wandausschnitt im Obergeschoss unterstreicht den Eindruck der Offenheit.

fachen Kastenrinnen anstelle einer teureren innen liegenden Entwässerung. Eine Attika sucht man vergebens, es ist vielmehr einfach bis zur Traufe verputzt worden. Raumhoch eingebaute Fenster sparen ihrerseits dadurch, dass keine Stürze und Brüstungen benötigt werden. Der Gesamterscheinung tun diese wohl durchdachten Sparmaßnahmen sichtlich überhaupt keinen Abbruch.

Detailansicht des dynamisch geformten Eingangsbereichs mit dem Zugangssteg und der Sichtfuge. Die Dachrinne fängt das Niederschlagswasser ganz konventionell und Kosten sparend auf.

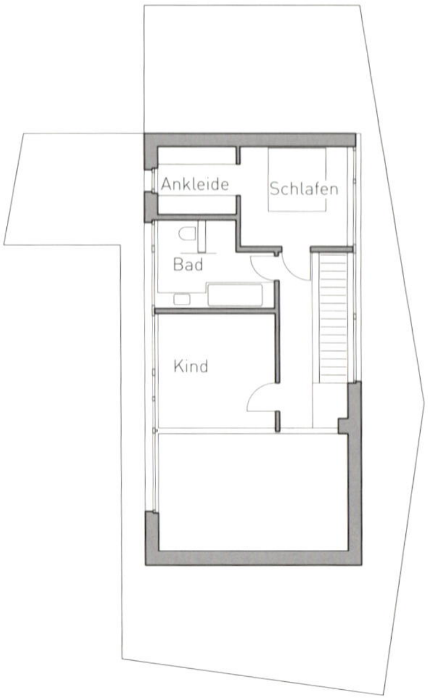

Obergeschoss

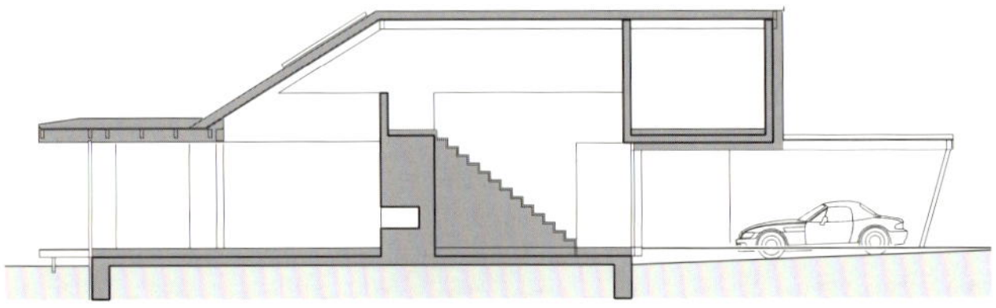

Längsschnitt

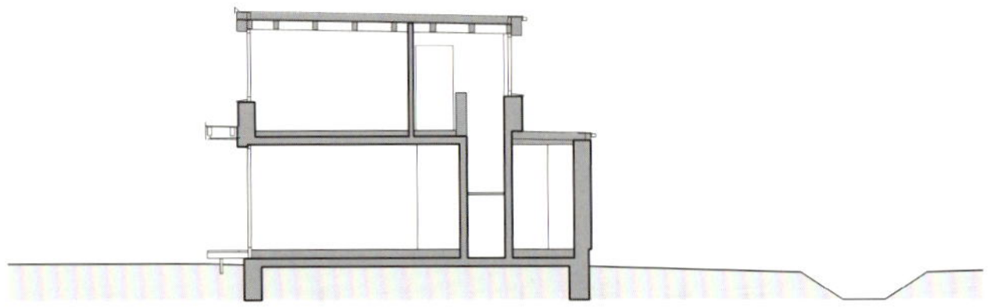

Querschnitt

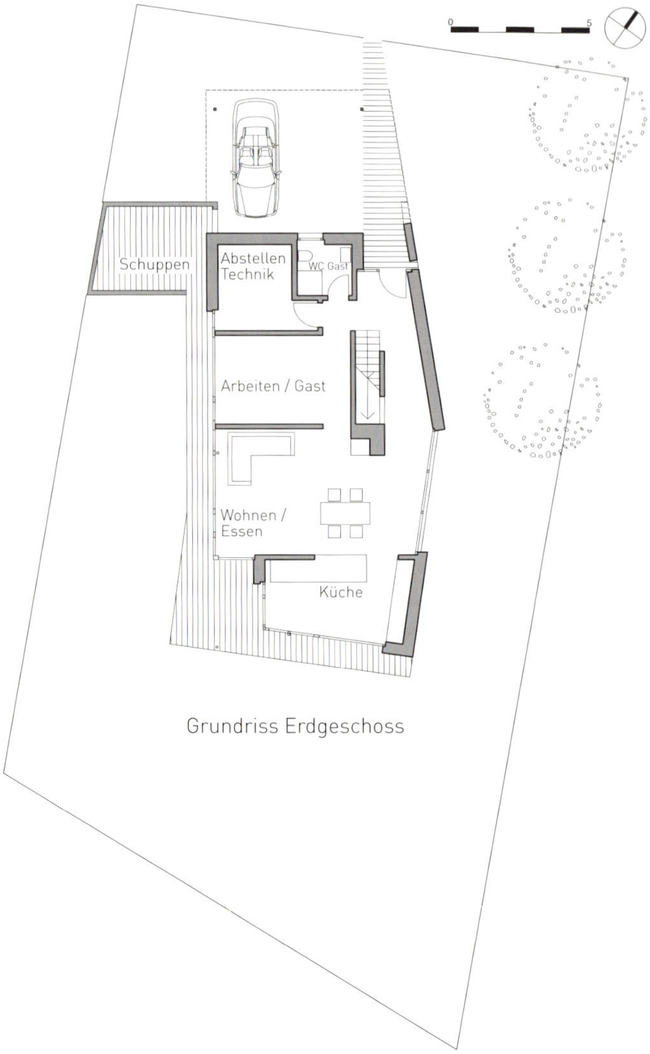

Grundriss Erdgeschoss

Rechts: Blick durch den Erschließungsbereich im Obergeschoss. Hinten der Durchgang zum Elternschlafzimmer.

Rechts unten: Die Treppe fungiert als skulpturales Gliederungselement. Links der Durchgang vom Eingangsbereich Richtung Küche, rechts das Arbeits- und Gästezimmer.

BAUDATEN

Standort: Niedersachsen
Bauzeitraum: 2009 (6 Monate)
Grundstücksgröße: 584 m²
Wohn- und Nutzfläche: ca. 132 m², zuzüglich 12 m² Schuppen
Bruttorauminhalt (BRI): ca. 554 m³ (ohne Carport)
Gesamtkosten brutto (inklusive Honorare, Nebenkosten und Steuern, ohne Gartenanlage): ca. 187.000 Euro (einschließlich Carport und Terrasse)
Kosten senkende Faktoren: sorgfältige Planung, Begleitung und Kontrolle der Bauabläufe, kompakter Baukörper, Verzicht auf Keller, geringe Geschosshöhen, Flachdachkonstruktion mit Foliendach und Kastenrinnen, keine Attika, sehr gut nutzbarer Grundriss, großenteils offener Raumzusammenhang mit wenigen Innenwänden und Innentüren, gerader Treppenlauf, kostengünstige und Arbeitszeit sparende Techniken, kostengünstige Materialien und Bauprodukte/intensive Suche nach kostengünstigen Posten, kostengünstige Energietechnik (Gas-Brennwerttherme + Solarkollektoren, hohe passive Wärmegewinne), raumhohe Fenster, Beschränkung der Dreifachverglasungen auf die Nord- und Ostseite, Verzicht auf automatisierte Lösungen (z.B. kein BUS-System), sparsame Sanitär- und Elektroplanung, Eigenleistung
Heizenergiebedarf/Jahr (nach EnEV): ca. 56 kWh/m²

GÜNSTIGER WOHN-WÜRFEL MIT KLASSE

Kompaktes Einfamilienhaus mit hoher Innenraum-Qualität

Roland Niedermeier Architekt, Kaufbeuren

Eine Hochterrasse über Kaufbeuren mit weitem Panoramablick auf die Stadt bildet den Schauplatz für einen Selbstversuch der besonderen Art: Architekt Roland Niedermeier hat hier am eigenen Haus erprobt und umgesetzt, was in Sachen kosten-, aber auch wohlfühloptimiertem Einfamilienhaus möglich ist, wenn konsequent geplant und gehandelt wird.

KOMPAKTHEIT IN WÜRFELFORM

Um die sowohl für den Bau als auch für den Energieverbrauch im laufenden Betrieb nötigen Finanzmittel so gering wie möglich zu halten, wählte der Architekt für das eigene Heim die Grundform eines Würfels, der ein besonders günstiges Verhältnis der Außenoberfläche zum beheizten Gebäudevolumen, dem so genannten A/V-Verhältnis, bietet. Dies hat nicht nur sehr geringe Wärmeverluste zur Folge, sondern spart durch die geringeren Baumassen auch beträchtlich Geld für Material und Arbeitszeit ein.

BESTER WOHNWERT DURCH OFFENE RÄUME UND WOHLIGE WÄRME

Durch ein Untergeschoss, das mit etwa 60 m² Nutzfläche erweitert ist, stehen etwa 133 m² Wohnfläche auf zwei Ebenen zur Verfügung – aufgrund des überlegt geplanten Grundrisses ohne unnötige Barrieren und Zwischenwände völlig ausreichend für die vierköpfige Familie. Eine große, holzgedeckte Terrasse fungiert zusätzlich als natürliche Fortsetzung des Wohnraums, die großen Fensterfronten nach Süden unterstützen die Durchgängigkeit des Architekturkonzepts und sind zudem sehr wichtig für die passive Nutzung der Solarenergie, durch die sich in der kalten Jahrszeit bei Sonnenschein deutliche Energiegewinne erzielen lassen. Dreischeibige Passivhausfenster vermeiden im Zusammenspiel mit der sehr guten Dämmung und Luftdichtigkeit der Gebäudehülle und deren kompakter Kubatur unnötige Wärmeverluste. So konnte man sich teure Heizsysteme sparen: überwiegend sorgen die auf dem Flachdach angebrachten Solarkollektoren gemeinsam mit der kontrollierten Be- und Entlüftungsanlage mit Wärmerückgewinnung für angenehme Raumtemperaturen und die Warmwasserversorgung, an kalten Tagen springt eine kleine Gas-Brennwerttherme ein. Als KfW-40-Haus konzipiert, konnten diese Anforderungen mit einem jährlichen Heizenergieverbrauch von nur 32 kWh/m² letztlich sogar noch deutlich übertroffen werden.

Links: Ansicht der West- und Nordseite mit dem Hauseingang.

Rechte Seite: Bei Sonnenschein sammelt das Erdgeschoss vor allem im Winter passive Wärme, bei Nacht wirkt es als Leuchtkörper.

Oben: Wohn- und Essbereich sind großflächig verglast. Im Garten entstand ein architektonisch angepasstes Gebäude für das Architekturbüro.

Oben Mitte: Blick durch die Küche in Richtung des Hauseingangs.

Ganz oben: Blick über den Esstisch Richtung Westen, wo ein Fensterband die Landschaft als Panorama abbildet.

Oben: Blick durch den Wohn- zum Eingangsbereich.

KLARE FASSADENGESTALT UND HOHE FUNKTIONALITÄT

Überwiegend offen gestaltet, sind sowohl der Wohn- als auch der Ess- und Kochbereich im Erdgeschoss direkt zum Garten hin ausgerichtet, den das ebenfalls neu errichtete Architekturbüro nach Süden begrenzt und zur Anliegerstraße hin abschirmt. Im ersten Geschoss des Einfamilienhauses befinden sich das Elternschlafzimmer, die beiden Kinderzimmer und das mittels Schieferoberflächen und Massivholzeinbauten höchst einladend ausgestattete Bad, in dem eine Dachverglasung für zusätzliche Stimmungsaufhellung sorgt. Eine Besonderheit besteht darin, dass – gleichsam als architektonischer Kontrapunkt zum südseits hoch transparenten Erdgeschoss – die darüber situierten Zimmer nicht nach Süden, sondern nach Osten beziehungsweise Westen orientiert sind. Dies trägt der schönen Aussicht zum einen auf die Stadt und zum anderen auf den Wald Rechnung, schützt aber auch vor sommerlicher Überhitzung. Ferner entstand so eine bemerkenswerte Eindeutigkeit der Architektur, die dem einfachen Würfel eine außergewöhnliche Gestalt verleiht.

Das auch als separierte Einlieger-Einheit nutzbare Untergeschoss hat die Hanglage für eine großzügige Befensterung nach Osten genutzt, die beste Belichtung und einen sagenhaften, völlig keller-untypischen Ausblick bietet. Ein weiterer funktionaler Mehrwert besteht darin, dass das Gebäude durch seine Konstruktion schon auf eine mögliche Erweiterung um eine Achse (4,50 m) vorbereitet ist. Kosten sparend wirkten sich in diesem Fall neben der kompakten Bauform und dem günstigen Energiesystem vor allem die Mischbauweise (EG Massiv, OG Holz), der Verzicht auf überflüssige Wände und Türen, die Konzentration der Installationsleitungen, die Beschränkung auf die wesentliche Ausstattung (ein Bad), die intensive Suche nach günstigen Posten – so beim Eiche-Massivholzboden – und die eingesetzte Eigenleistung aus.

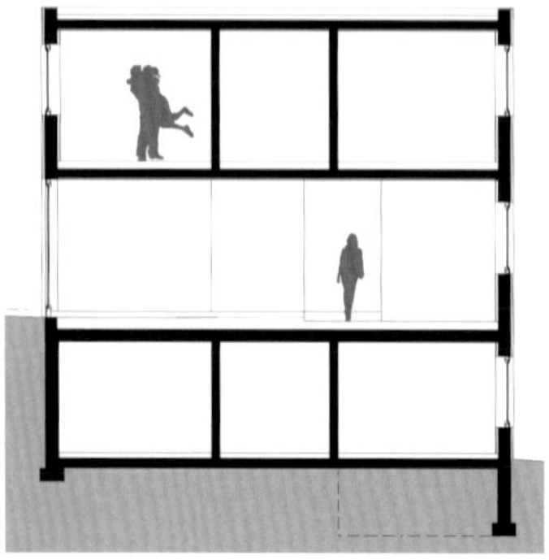

Schnitt

Eindeutig und kompakt in der Formgebung, sparsam in den Baukosten, aber großzügig im Wohnerleben, so ließe sich das Konzept des Hauses Niedermeier beschreiben. Selbst unter Einrechnung eines hier nicht angefallenen Architektenhonorars bleiben die Kosten unter 200.000 Euro. Die erreichte hohe Energieeffizienz ist dabei besonders erstaunlich. Und wer es lieber größer hat, bleibt mit einem solch konsequenten Qualitäts- und Sparkonzept doch auf der sicheren Seite.

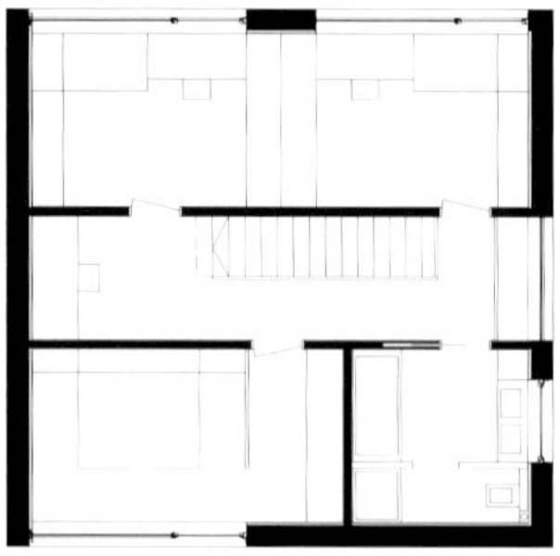

Obergeschoss

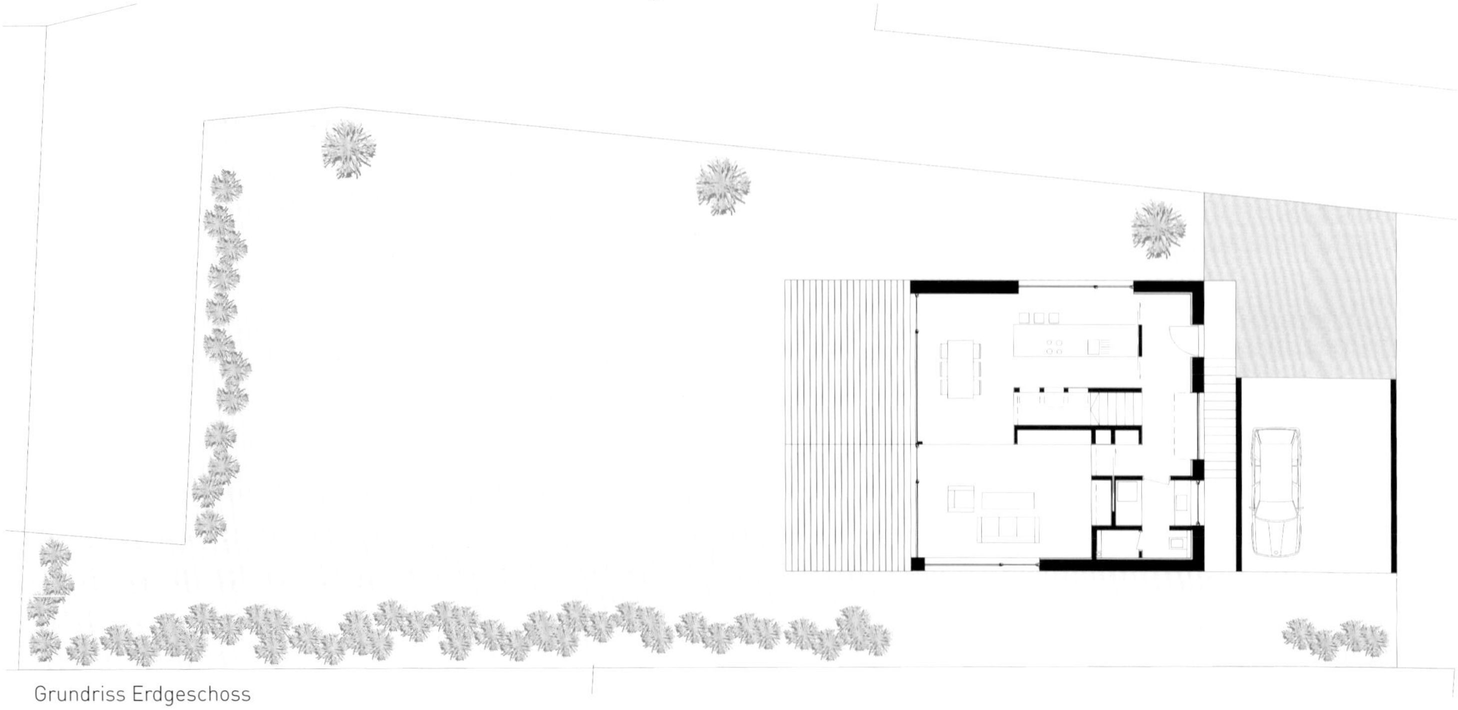

Grundriss Erdgeschoss

BAUDATEN

Standort: Kaufbeuren/Bayerisch-Schwaben
Bauzeitraum: 2006–2007 (11 Monate)
Grundstücksgröße: ca. 691 m²
Wohnfläche: ca. 142 m² zuzüglich 60 m² Nutzfläche im Untergeschoss und 20 m² Terrasse
Bruttorauminhalt (BRI): ca. 729 m³
Gesamtkosten brutto (inklusive aller Honorare, Nebenkosten und Steuern, inklusive ausgebautem UG, ohne Garage und Gartenanlage): ca. 180.000 Euro zuzüglich Eigenleistung/Architektenhonorar (ca. 18.000 Euro)
Kosten senkende Faktoren: hoch kompakter Baukörper, Mischbauweise, sehr gut nutzbarer Grundriss, im EG weitgehend offener Raumzusammenhang mit wenigen Innenwänden und Innentüren, konsequenter Verzicht auf überflüssige Räume (1 Bad), günstiges Energiesystem (Gas-Brennwert/Solar), Konzentration der Installationsleitungen, kostengünstige Materialien und Bauprodukte (z.B. Bodenbeläge EG/OG Eiche-Industrieparkett), sorgfältige Planung, Begleitung und Kontrolle der Bauabläufe, Eigenleistung
Heizenergiebedarf/Jahr (nach EnEV): 32 kWh/m² (projektiert als KfW-40-Haus)

Rechts oben: Die Erschließungszone mit Treppe und Fluren erhält reichlich Licht durch den verglasten Eingangsbereich.

Rechts Mitte: Das Badezimmer bietet eine Dusche und eine separate Badewanne, die durch ein Dachshed stimmungsvoll in Szene gesetzt wird. Naturstein- und Holzoberflächen sind gekonnt kombiniert.

Rechts: Terrasse mit offener Schiebetüre zum Wohnbereich und Ausblick auf die Stadt.

DIE KUNST DER REDUKTION

Einfamilienhausbau mit weiten Räumen und geringen Kosten bei Hannover

Planung: (pfitzner moorkens) architekten, Hannover

Die Kunst der Vereinfachung ist ein gängiges Thema der modernen Architektur. Wenngleich die Reduzierung des Wünschenswerten auf das Notwendige und die damit einhergehende Klärung der inneren und äußeren Form bei Wahrung der funktionalen Anforderungen keine Spezialität von Low-Budget-Häusern ist, so wird sie hier doch besonders wichtig. Wie bei insgesamt großzügiger Wohnfläche und ausgesprochen günstigem Preis beachtliche Architektur- und Wohnqualität entsteht, zeigen (pfitzner moorkens) architekten mit ihrem Einfamilienhaus bei Hannover.

MASSGESCHNEIDERTES MODELL

Dass die genaue Analyse des tatsächlichen Bedarfs beim Bauen mit begrenztem Budget zu den wichtigsten Aufgaben des Architekten zählt, ist unbestritten. In diesem Fall kamen Maria Pfitzner und Serge Moorkens im Gespräch mit den Bauherren zu dem Ergebnis, dass der Raumbedarf für die dreiköpfige Familie im Obergeschoss genau sechs Quadratmeter mehr erforderte als im Erdgeschoss. Statt unten draufzusatteln und damit unnötig Geld auszugeben, entschied man sich dafür, die zusätzlich benötigte Wohnfläche ausschließlich oben zu schaffen, indem das Satteldach auf der Nordseite ein Stück abgeschleppt und so für das gemeinsame Badezimmer mehr Platz verfügbar wurde. Das Obergeschoss, in dem sich ansonsten Kinder- und Elternzimmer sowie das westseitige Atelier mit Zugang zum Spitzboden befinden, kragt nun über den Eingangsbereich aus, schenkt diesem so einen konstruktiven Witterungsschutz gratis dazu und dem Gebäude insgesamt einen Blickfang. Das mittels des architektonischen Kunstgriffs großzügig dimensionierte Bad hat zwei Waschplätze, die über Dachfenster reichlich Licht und vor allem Morgensonne erhalten. Daneben trugen eine Reihe von weiteren Maßnahmen zur erstaunlichen Kosteneffizienz bei, beispielsweise die Wahl von Plansteinen für den Rohbau, eine kostengünstige Putzfassade und die Führung von Elektro- und Sanitärleitungen in einem Schacht vom Erdgeschoss bis in den Spitzboden.

Links: Straßenansicht mit Eingangspodest und überdecktem Eingangsbereich.

Rechte Seite: Die Ansicht von Südosten zeigt sehr gut die kreative Gestaltung mit den tief liegenden und flächenbündigen Fensterelementen.

Oben: Im Erdgeschoss: Wohnen als durchgängige Raumabfolge mit Küchenblock, Essplatz und Sitzbereich, die visuell durch die großzügige, südseitige Fensterfront in den Garten hinein erweitert wird.

Links: Eingestellter Treppenblock mit dahinter liegender Arbeitsplatznische.

Rechte Seite: Blick über den Flügel in Richtung Küche und Garten

MIT KOMPAKTHEIT ZUM LOW-BUDGET-HAUS

Abgesehen von der nördlichen Auskragung des Obergeschosses zeigt sich das Wohnhaus bewusst kompakt, ohne Anbauten und andere kostspielige Bauteile. So erreichte man ein ausgesprochen günstiges Verhältnis der Außenwandflächen zum Raumvolumen, was nicht nur die Baukosten, sondern auch die Energiebilanz positiv beeinflusste.

HOHER WOHNWERT IM GEMEINSAMEN BEREICH

Das Erdgeschoss ist nach Süden und Westen mit großen, raumhohen Verglasungen versehen, die aus Kostengründen entgegen der ursprünglichen Planung nicht über Eck geführt wurden. Von Ost nach West gehen die Funktionen Kochen, Essen und Wohnen ohne Sichtbarrieren ineinander über – und sogar für einen großen Flügel, von dem der Pianist auf die westseitige Terrasse blickt, war noch genügend Platz vorhanden! Untergeordnete Räume wie Büro, Hauswirtschaft und WC sind auf der Nordseite untergebracht, der Raum unterhalb der Treppe ist als Stauraum genutzt. Und auch die Wärme bleibt unter anderem dank der nord- und ostseits sehr sparsam platzierten Fassadenöffnungen da, wo sie gebraucht wird: im Haus.

Oben: Diese Einstellung der Nordfassade zeigt den skulptural über den Eingang auskragenden Teilbaukörper, in dem sich das Badezimmer befindet.

Oben links: Stahltreppe zur Galerie im Spitzboden.

Links: Der Treppen- und Erschließungsbereich im Obergeschoss. Hinten links der Zugang zum Badezimmer.

Badezimmer mit Oberlicht über dem Spiegel und Panoramafenster mit Ausblick in die Landschaft.

DURCH EIGENLEISTUNG NOCH MEHR SPAREN

Die Bauherren standen wie viele andere Familien vor der Frage, wie sie die von Seiten der Planer bereits günstig gestalteten Kosten noch weiter minimieren könnten, ohne sich dabei zu viel zuzumuten. Die Wahl fiel auf Arbeiten, die mit den auf Seiten der Bauherren vorhandenen Fachkenntnissen ausgeführt werden konnten und weitere Einspareffekte ermöglichten, zum Beispiel die Dämmung der Sohlplatte, den Innenausbau einschließlich Einbringung der Dämmung und Innenbekleidung (Gipskarton- und Gipsfaserplatten), die Malerarbeiten im Hausinneren, die Verlegung der Holzterrasse und Pflanzarbeiten.

Links: Ansicht von Südwesten mit holzgedeckter Terrasse. Links die Garage.

Links unten: Ansicht der Südfassade, deren Fenster im Erdgeschoss hier durch Jalousetten verschattet sind.

BAUDATEN

Standort: bei Hannover
Bauzeitraum: 2006 (ca. 10 Monate)
Grundstücksgröße: ca. 652 m²
Wohn- und Nutzfläche: ca. 170 m² (inklusive ausgebautem Spitzboden)
Bruttorauminhalt (BRI): ca. 760 m³ (ohne Carport)
Gesamtkosten brutto (inklusive Honorare, Nebenkosten und Steuern, ohne Gartenanlage): ca. 209.500 Euro
Kosten senkende Faktoren: sorgfältige Planung, Begleitung und Kontrolle der Bauabläufe, kompakter Baukörper, Verzicht auf Keller, sehr gut nutzbarer Grundriss, großenteils offener Raumzusammenhang mit wenigen Innenwänden und -türen, Minimierung der Erschließungsflächen, gerader Treppenlauf, optimale Raumausnutzung (z.B. Raum unter Treppe als Lagermöglichkeit, Spitzboden mit Raumspartreppe), kostengünstige und Arbeitszeit sparende Konstruktionen und Techniken, kostengünstige Materialien und Bauprodukte (z.B. Rohbau mit Plansteinen und Filigranplatten, einfache Putzfassade), kostengünstige Energietechnik (Gas-Brennwerttherme, passive Wärmegewinne), Verzicht auf automatisierte Lösungen (z.B. kein BUS-System), sparsame Sanitär- und Elektroplanung (zentraler Schacht für Heizung und Elektrik), Eigenleistung (ca. 10% der Handwerkerarbeiten) / hierauf abgestimmte Planung
Heizenergiebedarf/Jahr (nach EnEV 2004): ca. 99 kWh/m²

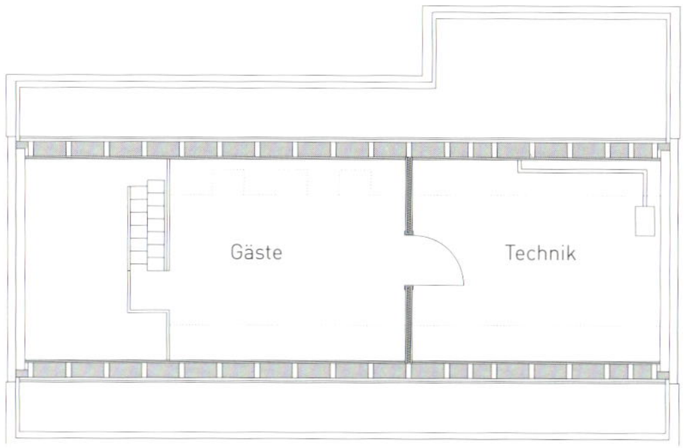

2. Obergeschoss

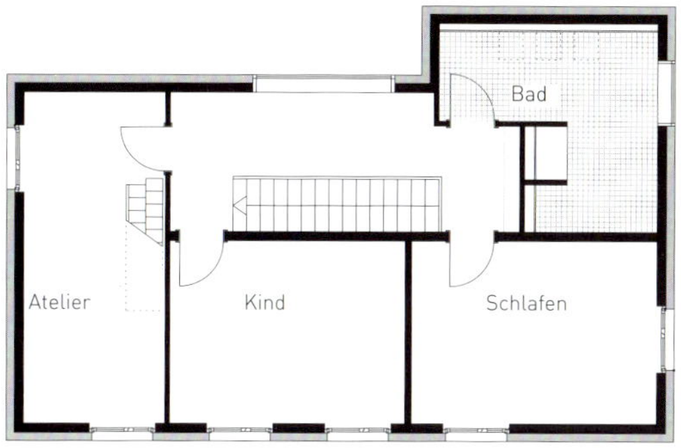

1. Obergeschoss

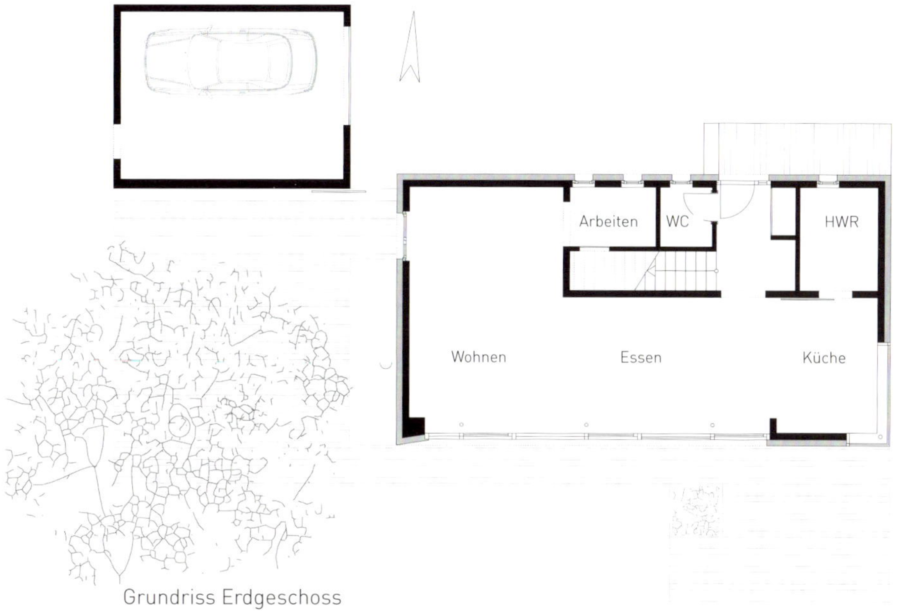

Grundriss Erdgeschoss

AUFERSTEHUNG IN NEUER GESTALT

Ein Familienhaus aus Wiederverwendung im Allgäu

Planung: Thomas Pscherer Architekt, München

Machen sich Bauherren auf die Suche nach günstigen und doch hochwertigen Baumaterialien, bietet sich neben preislich attraktiven Restposten auch die Verwendung intakter gebrauchter Teile an. In der Denkmalpflege schon ab und an eingesetzt, sind sie im Neubau die seltene Ausnahme. Insofern stellt das von Architekt Thomas Pscherer entworfene Haus der Familie Schuh nicht nur ein architektonisches Unikat, sondern auch eine bautechnische Rarität dar.

MIT GEDULD UND ÜBERZEUGUNG ZUM ZIEL

Der Zufall stand Pate, als sich die Familie vor nunmehr sieben Jahren mit dem Gedanken an ein eigenes Haus trug. Bei seiner täglichen Fahrt zur Arbeit kam Mathias Schuh an einem Fenstermusterhaus vorbei, das ihm gefiel. Die Nachfrage beim Eigentümer ergab, dass das Gebäude ohnehin just in dieser Woche abgebaut werden musste und man wurde sich schnell einig, dass die Materialien gegen Selbstabbau kostenfrei abgegeben würden. Binnen Kurzem waren Lastwagen und helfende Hände organisiert, das Haus in drei Tagen vollständig abgebaut und eingelagert. Allerdings dauerte es länger als gedacht, aus den Einzelteilen am künftigen Lebensmittelpunkt im Allgäu ein neues Haus zu errichten, denn die Auflagen der Genehmigungsstellen erforderten eine umfassende architektonische Neuplanung, mit der der Münchner Architekt Thomas Pscherer betraut wurde. Anstelle eines Pultdachhauses entstand ein Satteldachgebäude, die Fassadengestalt erinnert ebenfalls nur noch entfernt an den Ursprungsbau, aber das Entscheidende war, dass der überwiegende Teil der eingelagerten Elemente in das neue Konzept integriert werden konnte.

Links: Das abgebaute und in Teilen wieder verwendete Fenstermusterhaus an seinem alten Standort in München.

Rechte Seite: In neuer Gestalt und Materialität, aber erkennbar mit den ausgebauten Fenstern zeigt sich das Haus am neuen Standort in einem Dorf bei Kempten. Rechts der etwas später entstandene Anbau für die Kinder.

WIEDERVERWENDUNG, KOMPAKTHEIT UND OPTIMALE RAUMAUSNUTZUNG

Es wurden sowohl alle Holz-Alu-Rahmenfenster bis auf ein Exemplar, das beim Einbau zu Bruch ging, als auch der Holzrahmenbau des Musterhauses wieder verwendet. In Verbindung mit dem eigenen Arbeitseinsatz der Bauherren und ihrer Helfer trug die Verwendung dieser Gebrauchtmaterialien wesentlich zum Erreichen einer sehr niedrigen Bausumme bei. Ein Übriges tat die dezidiert kompakte Planung des Hauses, die mit dem Platz äußerst effektiv umging. Mit seinen nur fünf Metern Gebäudebreite, die sich aus der geringen Grundstücksbreite von nur elf Metern minus beidseitig je drei Metern Abstandsflächen ergab, konnte mit Fläche ohnehin nicht großzügig umgegangen werden. Um dennoch auf das für eine vierköpfige Familie erforderliche Raumprogramm zu kommen, ist das Haus gleichsam in die Länge gestreckt worden, die langen nord-südlichen Blickbeziehungen mit weitem Ausblick in die Landschaft machen entsprechend auch einen der augenfälligsten Vorzüge der Architektur aus. Von der Hangseite erfolgt der Zugang eben-

Oben: Blick durch den Wohnbereich und durch die wiederverwendeten Fenster auf die Landschaft.

Rechte Seite oben links: Die Durchgängigkeit der Innenarchitektur schafft im Eindruck eine Großzügigkeit, die angesichts der geringen Wohnfläche erstaunlich ist. Ganz hinten der Eingang.

Rechte Seite oben rechts:
Nach Art manches historischen Bauernhauses besitzt die Haustür einen separaten Öffnungsflügel.

Rechte Seite unten links: Blick über die Treppenbrüstung aus filigranen Rundhölzern zum Essplatz, der durch Dachflächenfenster optimal belichtet wird.

Rechte Seite unten rechts: Raumkontinuum mit perfekter Platzausnutzung: Die kleine Ess-Bar und die Küche sind dem Eingangsbereich auf beiden Seiten zugeordnet; daran anschließend weitet sich der Raum.

erdig direkt in die Küche, links gibt es einen kleinen Abstellbereich und das Bad. Weiter führt der Weg einerseits zum Ess- und dann zum Wohnbereich, andererseits hinunter zum Elternschlafzimmer, dem Arbeits- und Entspannungsplatz und den beiden Kinderzimmern, die man nachträglich in einem schmalen, aber wunderbar belichteten zweigeschossigen Anbau unterbrachte. Eine separate Terrasse für die Schwestern, von einem uralten Apfelbaum beschattet, ergänzt den Freibereich des Hauptgebäudes. So kann sich die Familie bei gutem Wetter viel draußen aufhalten, zumal kein Lärm und keine hässliche Umgebung stören, und die Landschaft genießen. Die großen südseitigen Verglasungen des Hauses erwecken ohnehin den Eindruck, dass Innen und Außen hier als Einheit gedacht sind. Dies tut der Raumwirkung des Gebäudes ebenso gut wie der bescheidene Zuschnitt untergeordneter Räume, die perfekte Ausnutzung von Raumreserven für die Aufbewahrung zahlreicher Utensilien und die spannende Innenarchitektur mit ihren unterschiedlichen Niveaus und Durchblicken. Sparsam ist hier schlichtweg nur der Preis!

Linke Seite oben: Der Atelierraum profitiert von den südlich und westlich einfallenden Sonnenstrahlen. Die raumhoch eingebauten Verglasungen gab es umsonst, und auch der Einbau war aufgrund der nicht benötigten Stürze besonders günstig.

Linke Seite unten links: Blick vom Atelier zur Treppe. Rechts der als hauptsächliche Heizquelle fungierende Bullerjahn, links davon die Türe zum Elternschlafzimmer.

Linke Seite unten rechts: Der Anbau vereinigt auf zwei Geschossen die beiden Zimmer der Töchter, zusätzlich gewann man dadurch Stauraum. Rechts der Durchgang zum Atelier.

Rechts beide: Das nach Südosten komplett verglaste Kinderzimmer besitzt zusätzlich eine eigene Terrasse.

Obergeschoss

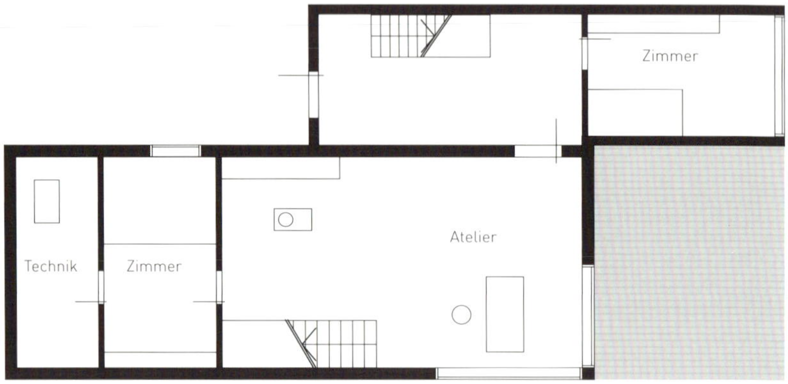

Grundriss Erdgeschoss

Das Haus, der alte Apfelbaum und die umgebende Wiesenlandschaft wirken wie eine gewachsene Einheit, obgleich das Haus erst vor wenigen Jahren errichtet worden ist.

BAUDATEN

Standort: bei Kempten
Bauzeitraum: 2004 (6 Monate)
Grundstücksgröße: ca. 242 m²
Wohnfläche gesamt: ca. 116 m² zuzüglich ca. 21 m² Terrassen
Bruttorauminhalt (BRI): ca. 616 m³
Gesamtkosten brutto (einschließlich Kellergeschoss/Anbau; inklusive Honorare, Nebenkosten und Steuern): ca. 90.000 Euro
Kosten senkende Faktoren: sorgfältige Planung, Begleitung und Kontrolle der Bauabläufe, kompakter Baukörper, durch optimale Einpassung ins Grundstück Vermeidung unnötiger Aushub- und Verbauungsarbeiten und kurze Wege, sehr gut nutzbarer Grundriss, großenteils offener Raumzusammenhang mit wenigen Innenwänden und -türen, Minimierung der Erschließungsflächen, optimale Raumausnutzung, Wiederverwendung großer Teile der Tragwerkskonstruktion und der Fenster, kostengünstige, dabei aber hochwertige Materialien und Bauprodukte (insbesondere für Sanitärbereich, z.B. Waschtische, Armaturen), kostengünstige Energietechnik (Scheitholzofen, Gas-Brennwerttherme), teilweise raumhohe Fenster, Verzicht auf automatisierte Lösungen (z.B. kein BUS-System), sparsame Sanitär- und Elektroplanung/kurze Leitungswege, Eigenleistung (ca. 10% der Handwerkerarbeiten)
Heizkosten: ca. 550 Euro/Jahr (entsprechend 8 Ster Holz)

Rechts oben: Entspannungsplatz vor dem eigenen Zimmer.

Rechts Mitte: Ansicht der südwestlichen Traufseite.

Rechts: Die Dachneigung und der Dachüberstand nehmen traditionelle Gestaltungsformen auf. Der Eingang befindet sich auf der dem Hang zugewandten Giebelseite.

GROSSARTIGE ERSCHEINUNG, KOSTENEFFIZIENZ IM DETAIL

Ein Einfamilienhaus bei Hannover

Jens-Uwe Seyfarth Architekt, Hannover

Für die These, dass günstige Gebäude keineswegs billig daherkommen müssen, ist das Haus von Jens-Uwe Seyfarth der beste Beweis. Der Architekt schuf für sich und seine Familie ein weißes Wohn-Kunststück, das höchsten visuellen Anspruch mit der Technik des Rechnens mit spitzem Bleistift verbindet. Heraus kam beste Wohnqualität ohne Kompromisse, aber auch ohne unnötigen Luxus.

WENIGER IST WIRKLICH MEHR!

Planerischer Grundsatz war bei dem eigenen Haus, den vorhandenen Flächenbedarf für Wohnen und Arbeiten zu verwirklichen, dabei aber konsequent auf alles Unnötige zu verzichten. Hierzu zählte auch die kompakte Gestaltung des Baukörpers, der mit seiner lang gestreckten Kubatur kein ganz optimales A/V-Verhältnis aufweist, dafür aber konsequent auf Dachauskragungen und Anbauten wie Balkone verzichtet. Vor allem ermöglichte die mit sechs Metern sehr geringe Breite des Bauwerks den Einsatz von Fertigteildecken im Dachgeschoss und von Holzfertigbindern als Dachkonstruktion – beides sehr Kosten sparende Lösungen. Das Satteldach wurde mit Tondachpfannen gedeckt, die sich vorher auf einem zum Grundstück gehörenden Schuppen befunden hatten und somit kostenfrei bezogen werden konnten. Da die Dämmung direkt über dem Obergeschoss liegt und der Dachbereich als Kaltraum ausgebildet ist, war eine deutlich kleinere Fläche zu dämmen, die Arbeiten vereinfachten sich beträchtlich.

OHNE KELLER, ABER MIT RESERVEN UND GUTER RAUMAUSNUTZUNG

Durch den Eingangs- und Erschließungsbereich auf beiden Ebenen zweigeteilt, besitzt das Haus Bereiche mit großzügiger Raumwirkung wie den offenen Wohn-, Ess- und Kochbereich und die Arbeitsgalerie darüber, aber auch Zonen mit privatem Charakter. Ein mit farbigen Platten akzentuiertes Schrankmöbel im Eingangsbereich nimmt nicht nur erstaunlich viele Utensilien auf, sondern beherbergt auch ein WC. Im Obergeschoss gibt es ein gemeinsames Bad für alle Familienmitglieder. Innentüren wurden nur dort eingebaut, wo sie unbedingt notwendig sind und einheitlich als kostengünstige Schiebetüren aus Holzwerkstoffplatten ausgeführt.

Die beachtliche Grundfläche des Hauses erlaubte es, ohne – im Vergleich zum Nutzen stets teuren – Keller auszukommen. Die Stahlfasersohle brachte weitere Kostenvorteile, da sie wegen ihres verringerten Stahlanteils deutlich günstiger

Links: Ansicht der nördlichen Eingangsseite, die lediglich die notwendigsten Öffnungen aufweist.

Rechte Seite: Nach Süden und Südwesten öffnet sich das Haus über zwei Geschosse. Alte Bäume spenden gratis Schatten. Die Verlegung der wieder verwendeten Dachpfannen und die Verschalung des Dachspitzes übernahm der Bauherr und Planer in Eigenregie.

herzustellen ist als eine konventionell bewehrte Sohle. Das außen mit einem Wärmedämm-Verbundsystem gedämmte Kalksandstein-Mauerwerk ist nach innen mit einem einfach aufgetragenen Gipsputz versehen, der nicht geschliffen oder anderweitig nachbehandelt worden ist. Und nicht zuletzt konnten durch den raumhohen und bodentiefen Einbau der Fenster, der Stürze und Brüstungen überflüssig machte, sowie durch viele einheitliche Maße und den Einbau weniger Fenstertüren bei hohem Anteil der Festverglasungen Kosten minimiert werden.

Oben: Eindrucksvolles Raumkontinuum: Der ineinander übergehende Wohn-, Ess- und Kochbereich bringt eindrucksvolle Tiefe, der Luftraum mit Blick zur Arbeitsgalerie verbindet die beiden Wohnebenen.

Rechte Seite: Über beide Ebenen bis unter Dach verglast, ist die Sitzecke ein perfekter Aufenthaltsplatz mit weitem Ausblick auf die Terrasse und in den Garten. Links oben die Galerie, deren gläserne Brüstungsfüllung die Transparenz der Architektur unterstreicht.

ENERGIESYSTEM UND HAUSTECHNIK – MIT AUGENMASS GEPLANT

Um das Ziel eines kostengünstigen Energiesystems umzusetzen, wurde das Haus einerseits auf den sonnenabgewandten Seiten hoch geschlossen ausgeführt und gut gedämmt, andererseits konsequent zur Sonne orientiert, um die von Süden einfallenden Sonnenstrahlen optimal zur Erwärmung der Innenräume nutzen zu können. Für ausreichenden Schatten im Sommer sorgen große Bäume, darunter ein uralter und malerischer Walnussbaum, der einen kostspieligen außen liegenden Sonnenschutz ersetzt. Im Winter wirft er sein Blätterkleid ab und lässt die Sonnenstrahlen ungehindert ins Haus. Der Erhalt des Baumes kostete gar nichts, spart aber viel Geld für Verschattungssysteme ein und macht der Familie zudem das ganze Jahr Freude. Die zentrale Energieversorgung übernimmt eine kostengünstige Gas-Brennwerttherme, die ihre Wärme ausschließlich über Fußbodenheizungen abgibt und durch den Verzicht auf eine zweite Verteilungsart nochmals Kosten für Sanitärinstallation einspart. Ebenso entschied man sich früh dazu, auf günstige Lösungen zu setzen und keine teuren, teils auch schadensanfälligen zentralen Steuerungssysteme vorzusehen. Die Elektro- und Sanitärleitungen sind so geplant worden, dass Kosten durch kurze Wege minimiert werden konnten. Lichtschalter sind nur dort platziert, wo sie auch wirklich gebraucht werden.

WOHNEN UND ARBEITEN UNTER EINEM DACH: EIN SPARMODELL!

Was noch zu selten in die Kostenüberlegungen beim Hausbau einbezogen wird, ist die teilweise berufliche Nutzung – denn dies spart nicht nur anderweitig zu zahlende Büromiete, sondern ist auch steuerlich attraktiv. Hier entstanden für beide Ehepartner Arbeitsbereiche auf der Ostseite des Erdgeschosses und auf der Galerie im Obergeschoss, die sowohl einen großartigen Blick hinunter in den Wohnbereich als auch durch die zweigeschossige Verglasung nach draußen bietet.

Linke Seite: Blick vom Badezimmer im Obergeschoss zum Flur.

Oben: Der Gang mit eingebauter, farbig rhythmisierter Funktionsbox erhält Licht von drei verschiedenen Seiten. Rechts die Treppe zum Obergeschoss.

Rechts: Auch die Erschließungszone ist durch eine zwei Geschosse hohe Verglasung bestens belichtet. Die filigran konstruierte Treppe ohne Setzstufen lässt das Licht fast ungehindert durch.

Linke Seite oben: Ausschnitt der Südfassade mit Blick in den zweigeschossigen Wohnraum (links). Die historischen Tondachziegel besitzen eine fast mediterrane Anmutung.

Linke Seite unten: Frontalansicht des Hauses mit Blick in den zweigeschossig verglasten Wohnbereich.

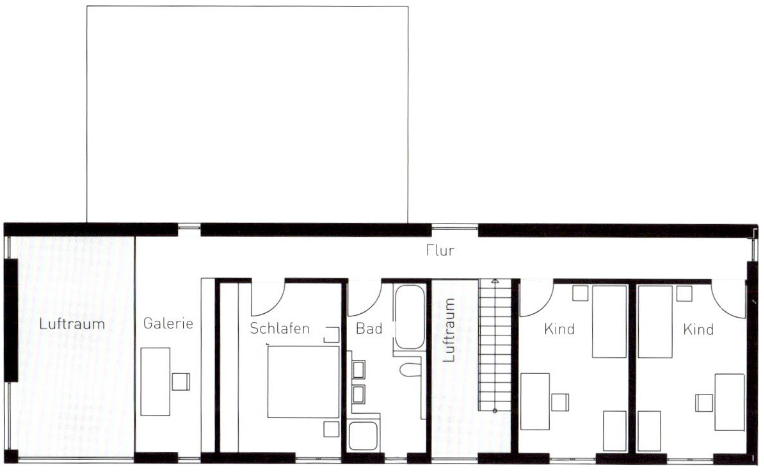

Dachgeschoss

BAUDATEN

Standort: bei Hannover / Niedersachsen
Bauzeitraum: 2005 (7 Monate)
Grundstücksgröße: ca. 760 m²
Wohnfläche: ca. 189 m²
Bruttorauminhalt (BRI): ca. 762 m³
Gesamtkosten brutto (inklusive Honorare, Nebenkosten und Steuern, ohne Garage, Pflasterarbeiten und Gartenanlage): ca. 196.000 Euro zuzüglich Architektenhonorar (ca. 19.000 Euro)
Kosten senkende Faktoren: sorgfältige Planung, Begleitung und Kontrolle der Bauabläufe, kompakter Baukörper ohne Vor- und Rücksprünge oder Wohn-Anbauten, Verzicht auf Keller, sehr gut nutzbarer Grundriss, im EG und teils auch OG offener Raumzusammenhang mit wenigen Innenwänden und -türen, kostengünstige und Arbeitszeit sparende Techniken (z.B. Sohle), kostengünstige Materialien und Bauprodukte / intensive Suche nach kostengünstigen Posten (z.B. Bodenbeläge), Wiederverwendung von gebrauchten Materialien (Dachziegel), Einsatz von Fertigteilen (z.B. Dachbereich), kostengünstige Energietechnik (Gas-Brennwerttherme, hohe passive Wärmegewinne), Verzicht auf automatisierte Lösungen (z.B. kein BUS-System), sparsame Sanitär- und Elektroplanung, Verzicht auf bauseitigen Sonnenschutz, handwerkliche Eigenleistung (im Wert von ca. 4.000 Euro für Giebelverschalung, Dacheindeckung und Malerarbeiten)
Heizenergiebedarf/Jahr (nach EnEV): ca. 66 kWh/m²

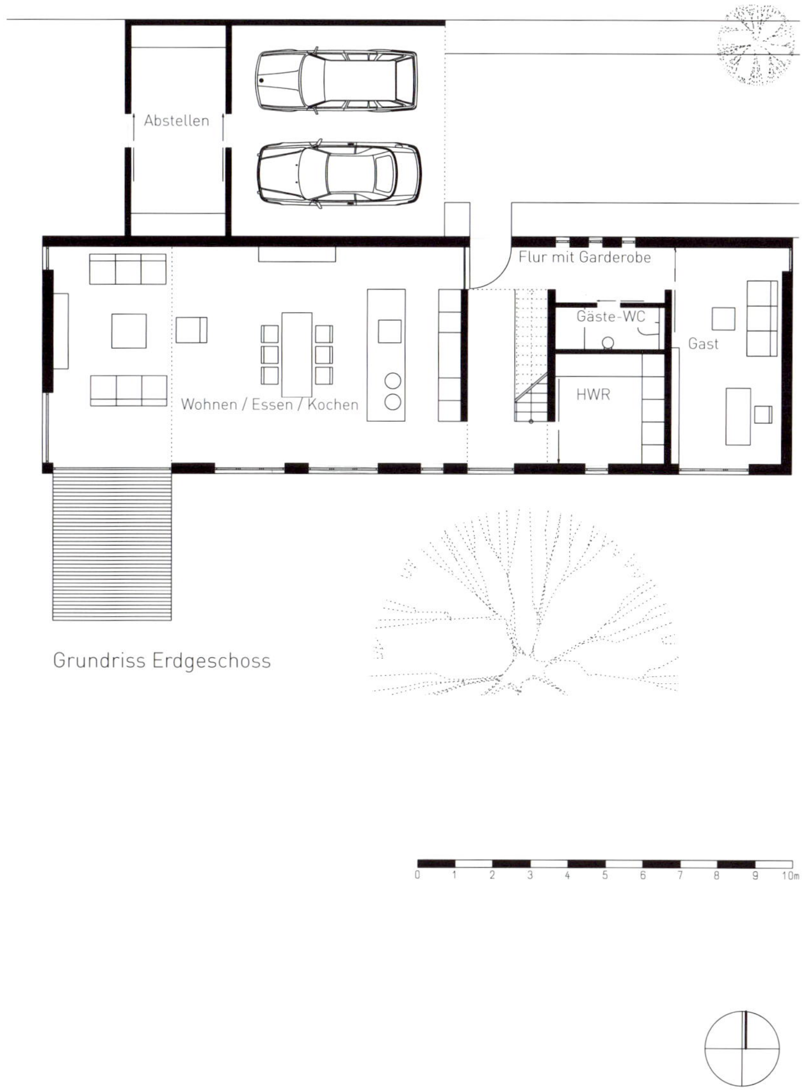

Grundriss Erdgeschoss

< 225.000 EURO

DIE KUNST DES WEGLASSENS

Ein gläsernes Loft-Haus bei Wien

Planung: Univ. Prof. Architekt Gerhard Steixner, Wien

Traumhaus-Architektur mit viel Glas ist im Normalfall kein billiges Vergnügen. Das gilt allerdings nur dann, wenn nach der Norm geplant wird. Der Architekturprofessor Gerhard Steixner jedoch plant sehr selten nach der Norm, sondern widmet sich seit mehreren Jahrzehnten in Forschung, Lehre und planerischer Arbeit den Möglichkeiten individuellen und innovativen Bauens. Sein art for art house, das er unweit der österreichischen Metropole verwirklicht hat, kann gleichsam als Essenz seines Wissens über die Möglichkeiten der Baukonstruktion und Bautechnik gelten.

WENIGER IST GÜNSTIGER

Die Behauptung, mit viel Glas könne günstig gebaut werden, mag angesichts der doch recht hohen Preise des Produkts zunächst Kopfschütteln auslösen. Wenn jedoch wie in diesem Fall die Konstruktion, der Schichtenaufbau und damit der Material- und Arbeitsaufwand insgesamt planvoll minimiert werden, wird dies doch Realität. Gerhard Steixner hat es geschafft, ein Architektur-Kunstwerk mit der Wohnfläche eines Einfamilienhauses zum Preis eines Low-Budget-Projekts zu verwirklichen.

Der nordseitige Erschließungs- und Service-Bau mit Eingang / Empfang, Küche, Bad, WC und Lagerräumen wirkt energetisch als Klimapuffer und konzentriert alle Wasser führenden Installationskanäle auf kleinem Raum, das heißt er spart damit viel Geld für Leitungswege ein. Südlich schließt daran der mit seinem Obergeschoss weit auskragende, förmlich über dem Erdboden schwebende Hauptbau mit seiner Stahl-Holz-Glas-Konstruktion an. Die Glasfassade um die mehr als 100 Quadratmeter Wohnfläche wurde kosteneffizient direkt in die Tragwerkskonstruktion eingeklebt, anstatt sie vorzuhängen. Sie weist ausschließlich Festverglasungen auf, gelüftet wird nur über Klappen, die eine wirkungsvolle Abführung der Warmluft gewährleisten. Im Winter sorgen die großen Glasflächen für eine effektive passive Nutzung der Sonnenenergie, eine günstige Gas-Brennwerttherme verteilt hier die Heizungswärme über allseitig entlang der Fassade umlaufende Unterboden-Konvektoren beziehungsweise – im Annex – über Fußboden-

Links: Das *art for art house* mit geschlossenem Sonnen- und Sichtschutzsystem.

Rechte Seite oben: Die gläserne Transparenz ist von allen Perspektiven sichtbar. Links der Erschließungs- und Funktionsbau mit Entree, Treppe, Dusche, WC und Küche. Unter dem Hauptbaukörper gibt es viel Platz zum Abstellen von Fahrzeugen, und dieser kann bei Wohnnutzung auch als geschützter Aufenthaltsraum im Freien genutzt werden.

Rechte Seite unten: Ansicht von Westen mit geöffneten Lüftungsklappen. Die unauffälligen, filigranen Stahlstützen lassen fast glauben, dass das Obergeschoss über dem Terrain schwebt.

heizungen. Eine nach Süden orientierte Wand aus schwarz durchgefärbtem und gewachstem Stahlbeton sowie die Bauteile aus Massivholz speichern die Wärme effektiv. Die Kosten für das Glas sind minimiert und ergeben deshalb, wenn man es mit einer konventionellen Außenwand gegenrechnet, einen im Vergleich günstigeren Quadratmeterpreis. Auch beim Stahlanteil des Tragwerks hat man sich für die günstigsten Lösungen mit den geringstmöglichen Querschnitten und dem wenigsten Arbeitsaufwand entschieden. Der Boden des Hauptgeschosses besteht aus 16 Zentimeter starkem Massivholz mit hervorragender Dämmwirkung, dessen abschließend geschliffene und versiegelte Oberseite gleichzeitig den Belag bildet. Die Decken sind mit sehr günstigem, aber wunderbar aussehendem Pappelsperrholz verkleidet.

GEBAUTER TAUSENDSASSA

Das art for art house ist schon im Konzept multifunktional gedacht; es kann ebenso das perfekte Einfamilienhaus wie ein Loft für Präsentationen und Ausstellungen oder auch ein Atelier- oder Bürogebäude sein. Der große verglaste Hauptraum lässt sich mittels Leichtbau-Trennwänden nach Wunsch vielfach unterteilen und dann ohne großen Aufwand

auch wieder problemlos umorganisieren, denn Wasser- und Wärmeleitungen brauchen ja nicht verändert zu werden. Die auskragende Glas-Ebene fungiert übrigens auch als kostenloser Wetterschutz für diverse darunter parkende Autos und als Vordach für den Eingang, und Kinder freuen sich bei schlechtem Wetter über einen geschützten Spielplatz.

Was ohne Probleme als spektakulärer Schauplatz eines Hollywood-Streifens taugen würde, ist im Grunde ein Haus für Jedermann, visueller Luxus und höchste Architekturqualität für erstaunlich wenig Geld.

Linke Seite: Blick durch den Erschließungsbau zum Hauptgeschoss.

Oben: Die beeindruckend große Fläche des Hauptgeschosses ist sehr variabel nutzbar.

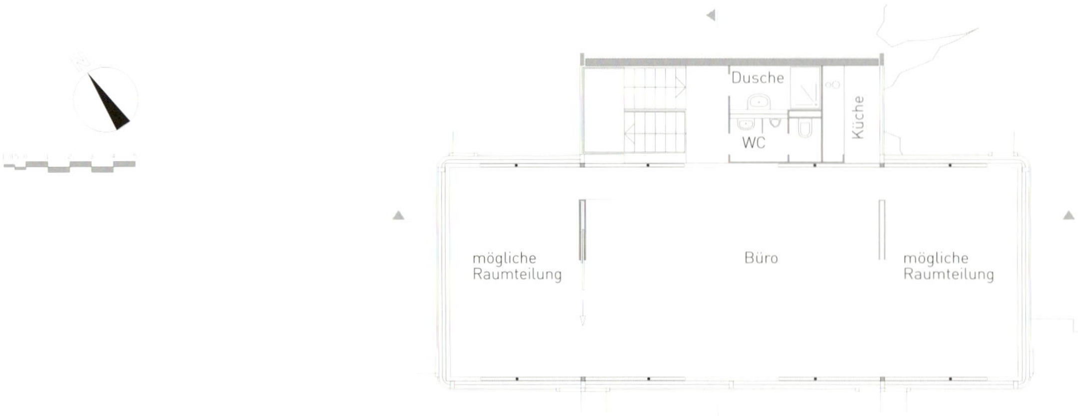

Obergeschoss

Grundriss Erdgeschoss

BAUDATEN

Standort: bei Wien
Bauzeitraum: 2004 (ca. 3 Monate)
Grundstücksgröße: ca. 500 m²
Wohn- und Nutzfläche: ca. 141 m²
Bruttorauminhalt (BRI): ca. 565 m³
Gesamtkosten brutto (inklusive Honorare, Nebenkosten und Steuern): unter 225.000 Euro
Kosten senkende Faktoren: sorgfältige Planung, Begleitung und Kontrolle der Bauabläufe, Verzicht auf einen Keller, sehr gut nutzbarer Grundriss, großenteils offener Raumzusammenhang mit wenigen Innenwänden und -türen, gerade Treppenläufe, Minimierung der Erschließungsflächen, optimale Raumausnutzung, einfache Tragwerks- und Fassadenkonstruktion (Gläser direkt in das Tragwerk eingeklebt, Decke als Bodenbelag), kostengünstige Materialien und Bauprodukte (z.B. Sperrholz für Innenausbau), Festverglasungen ohne Öffnungsflügel, viele einheitliche Formate und Produkte (z.B. Verglasungen), Flachdach mit Bitumenabdichtung, sparsame Sanitär- und Elektroplanung / kurze Leitungswege, Konzentration von Küche, Bad und WC, Multifunktionalität (z.B. Stellflächen unter dem Obergeschoss statt separatem Carport), günstiges Heizsystem (Gas-Brennwerttherme, passive Nutzung der Solarenergie über Glasflächen)
Heizenergiebedarf / Jahr: 60 kWh/m²

Oben: Diese Abbildung zeigt einen Grundrissvorschlag bei der Nutzung als Wohnhaus.

Linke Seite: Ansicht bei Nacht von Südwesten mit Innenbeleuchtung.

155.000 EURO

IN DIE HÖHE ZUM LICHT

Ein Turmhaus im Land Salzburg

Planung: Ulrich Stöckl Architekt, Saalfelden (Österreich)

Die Aufgabenstellung war knifflig: Ein befreundeter Bauherr hatte dem Saalfeldener Architekten Ulrich Stöckl eröffnet, er plane auf einer problematischen Parzelle ein Low-Budget-Haus mit hohem Wohnwert und zähle auf seinen tatkräftigen Einsatz. Nach Besichtigung der künftigen Baustelle und vielen Besprechungen war trotz der heiklen Voraussetzungen klar, dass man für das Problem eine ästhetisch wie auch finanziell überzeugende Lösung finden werde. Der Bauherr entschied sich wie im Entwurf vorgeschlagen für einen dreigeschossigen, turmartigen Bau, der die Vorzüge der Lage am Waldrand mit dem weiten Blick auf das Tal und die Berge des Pinzgaus perfekt inszenieren sollte.

KOMPAKTER TURM MIT EINHEITLICHEN FASSADENELEMENTEN

Die Planung des Architekten ging davon aus, dass das etwa 400 Quadratmeter große, teils steil ansteigende Grundstück nach dem Bau des Hauses noch gut nutzbar sein und sich von allen Geschossen aus ein schöner Ausblick bieten sollte. Beides war durch eine geringe, nahezu quadratische Grundfläche von weniger als 7 x 7 Metern und drei Wohngeschosse am besten zu erreichen. Und nicht zuletzt ermöglichte diese extrem kompakte Form niedrige Bau- und Betriebskosten. Die Gründungsarbeiten fielen im Verhältnis zur Wohnfläche deutlich günstiger aus als bei Wohngebäuden mit großer Grundfläche. Die einheitliche Gestaltung der südseitigen Verglasungen, die bestens mit der Fassade aus handgespaltenen Lärchenschindeln harmoniert, vereinfachte und verbilligte ebenfalls die Herstellung. Sogar die Solarkollektorfelder wurden in die Fensterkonstruktion integriert, um Kosten für separate Trägersysteme und Lärchenschindeln einzusparen. Die fassadenintegrierten Paneele tragen auch bei hoher Schneelage zur Warmwasserbereitung und Heizungsunterstützung bei und können somit die Betriebskosten ganzjährig weiter senken.

Links: Das Turmhaus thront auf einer Geländeterrasse, die man über einen steilen Aufstieg erreicht. In den Fensterrahmen-Elementen ist auf allen Geschossen auch je ein Solarkollektor-Modul integriert.

Rechte Seite: Die Brettstapel-Elemente des Innenraums durchdringen die Fassade und bilden gleichzeitig die Bodenelemente der Balkone.

Linke Seite oben: Blick über den Esstisch in die Landschaft. Ungeachtet der kleinen Geschossflächen schuf die offene Grundrissgestaltung im Erdgeschoss genug Platz, um auch Gäste bekochen und bewirten zu können.

Linke Seite unten: Im Obergeschoss befindet sich das lichtdurchflutete Wohnzimmer.

Oben: Im Haus sind ausschließlich heimische Hölzer verwendet worden. Der Boden ist aus Lärchenholz, die Decke aus Fichte und den großen Tisch hat der Bruder des Bauherrn aus Erlenholz gefertigt.

OFFENES WOHNEN AUF DREI EBENEN MIT VIELFÄLTIGEN NUTZUNGSMÖGLICHKEITEN

Der Wunsch des Bauherrn nach einem möglichst barrierefreien und offenen Haus mit schönen Durch- und Ausblicken konnte im Rahmen des Turmhaus-Konzepts durch die vertikale Schichtung der Funktionen erreicht werden und trug insofern erheblich zur Kostensenkung bei, als es den Bau von Trennwänden und Türen überflüssig machte. Die Nutzung der einzelnen Ebenen wählte der Bauherr frei aus – im Erdgeschoss befinden sich nun Küche und Essplatz sowie in einer Art »Rucksack-Anbau« Eingang, WC, Lagerraum und Heizung, darüber der Wohn- und ganz oben der Schlafraum. Die zweite, heute zum Schlafen genutzte Ebene könnte von den Eigentümern auch in zwei separate Zimmer umgewandelt werden. Für die Zukunft ist beabsichtigt, neben dem bestehenden Anbau im Erdgeschoss einen weiteren hinzuzufügen, um auf Familienzuwachs optimal vorbereitet zu sein. Bereits heute wirkt der Wohn- und Essbereich, der durch die großen Fenster zur Terrasse erweitert wird, ausgesprochen großzügig und strahlt durch die Massivholzoberflächen eine warme Atmosphäre aus.

Bei diesem Projekt war für das Erreichen des Sparziels unter anderem ausschlaggebend, dass die Planungen des Architekten vom Bauherrn stets sehr positiv aufgenommen und im gemeinsamen Gespräch konstruktiv weiterentwickelt wurden. Darüber hinaus ist von Seiten des Bauherrn, der selbst hochwertiges Mobiliar entwirft, teils auch Eigenleistung eingebracht worden. Dies war in diesem Fall weniger aus Kostengründen entscheidend, sondern noch mehr, um den eigenen Bezug zu diesem Gebäude zu vertiefen, das in gewissem Sinn wie ein organisch gewachsenes Stück Wald anmutet. Es entstand ein architektonisch bemerkenswertes und funktional überzeugendes Wohnhaus für heute zwei, später vielleicht drei oder vier Personen, das zeitgemäße Kubatur und Fassadengestalt perfekt mit dem Geist des Ortes verbindet und dabei noch ausgesprochen günstig war.

Von Nordosten betrachtet wird deutlich, wie harmonisch das Haus mit seiner Lärchenholz-Fassade in die umgebende Landschaft eingebettet ist.

Grundriss Erdgeschoss

1. Obergeschoss

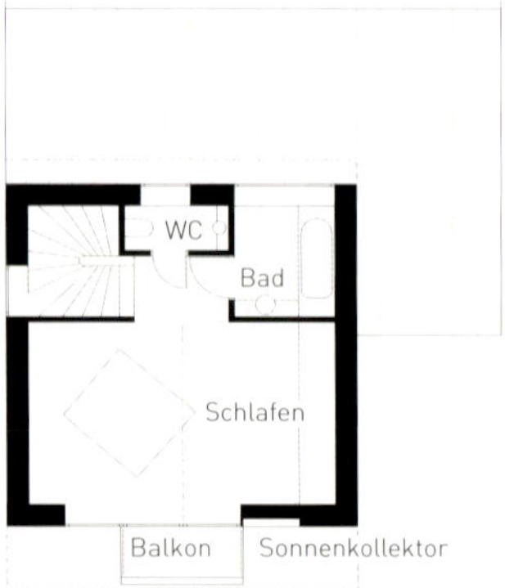

Schlafgeschoss

Unten: Die südliche Fassade des Erdgeschosses wird von verglasten und verschindelten Flächen strukturiert.

Ganz unten: Die nach alter Tradition von Hand gespaltenen Lärchenschindeln waren eine der wenigen etwas teureren Elemente. So steil geneigt wie hier, hält diese Wetterhaut etwa 90 Jahre.

BAUDATEN

Standort: Pinzgau/Land Salzburg
Bauzeitraum: 2003 (ca. 3 Monate)
Grundstücksgröße: ca. 400 m²
Wohn- und Nutzfläche: ca. 126 m², zuzüglich ca. 26 m² Terrasse und ca. 5 m² Balkone
Bruttorauminhalt (BRI): ca. 544 m³
Gesamtkosten brutto (inklusive Nebenkosten und Steuern): ca. 145.000 Euro zuzüglich Architektenhonorar (ca. 10.000 Euro)
Kosten senkende Faktoren: sorgfältige Planung, Begleitung und Kontrolle der Bauabläufe, sehr kompakter Baukörper, Verzicht auf einen Keller, sehr gut nutzbarer Grundriss, großenteils offener Raumzusammenhang mit wenigen Innenwänden und -türen, flächensparende Treppenläufe, Minimierung der Erschließungsflächen, optimale Raumausnutzung, kostengünstige Materialien und Bauprodukte (z.B. Holzschiffböden auf Polsterhölzern), teils Festverglasungen, kostengünstige Konstruktionen (z.B. schmale Dachsparren, Solarkollektoren in Fensterkonstruktion integriert), einheitliche Formate und Produkte (z.B. Verglasungen), Flachdach mit Bitumenabdichtung, sparsame Sanitär- und Elektroplanung/kurze Leitungswege, günstiges Heizsystem (Pelletofen mit aufgesetztem Lagerbehälter), passive Nutzung der Solarenergie über Glasflächen, Solarkollektoren), Eigenleistung (ca. 5% der Handwerkerleistungen)
Heizenergiebedarf/Jahr: ca. 35 kWh/m²

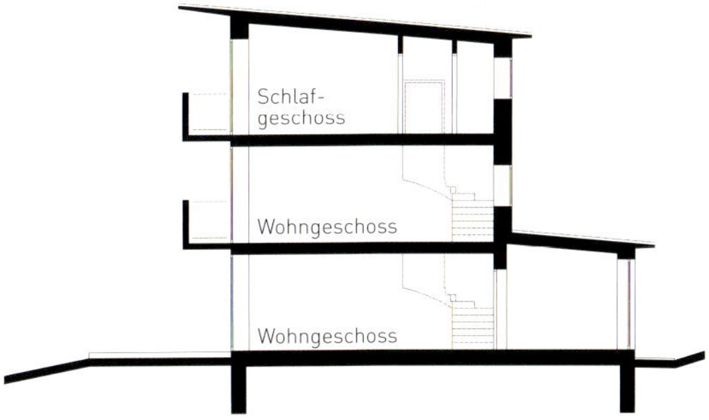

Systemschnitt

161.000 EURO

DIE LOGGIEN-HÄUSER

Ein außergewöhnliches Doppelhausprojekt im Land Salzburg

Planung: Rainer Straub Architekt, Saalfelden (Österreich)

Doppelhäuser sind im Vergleich zu frei stehenden Einfamilienhäusern preislich meist attraktiver, ebenso wie Reihenhäuser aber nicht jedermanns Sache, denn sie erfordern ein wohlwollendes Miteinander verschiedener Parteien. Dies stellte allerdings im vorliegenden Fall kein Problem dar, denn der Saalfeldener Architekt Rainer Straub plante hier für seine eigene Familie und für seine Schwiegereltern. So entstanden zwei im Grunde baugleiche, lediglich gespiegelte Doppelhaushälften mit je drei Geschossen, deren Wohnwert ebenso hoch wie deren Kosteneffizienz ist.

GÜNSTIG BAUEN, SOLARENERGIE GRATIS NUTZEN

Die Hanglage am Ortsrand mit direktem Übergang in die Wiesenlandschaft war das erste Argument für den gemeinsamen Erwerb der Parzelle, zumal sie eine direkte Südausrichtung des Hauses ermöglichte. So können die beiden Haushälften, die aus energetischen Gründen auf der »kalten« Nordseite sehr geschlossen und auf der »warmen« Gartenseite großflächig geöffnet sind, optimal kostenlose solare Wärmegewinne über die dreischeibigen Glasflächen realisieren und ihren Wärmebedarf insgesamt so deutlich verringern, dass die Gas-Brennwerttherme als Heizquelle nur im Winter gebraucht wird. So wurden also sozusagen mit der Sonne ein gratis verfügbares und mit der Gasheizung ein von vorneherein sehr günstiges, durch die Doppelnutzung in der Anschaffung weiter verbilligtes Energiesystem gekoppelt – die perfekte Lösung fürs Sparhaus!

LOGGIEN ALS MITTELPUNKT DER ARCHITEKTUR

In der kompakten Grundform einem turmartigen Würfel mit schräger oberer Seite ähnelnd, gewinnt das Doppelhaus durch seine extrovertierte und doch völlig eindeutig gestaltete Südseite eine herausragende Qualität. Dort schieben sich gleichsam zwei holzverschalte Trichter aus dem Gebäude-Korpus, die reichlich Licht und Wärme in das Obergeschoss »saugen« und durch ihre Auskragung das Hausinnere doch bestens vor sommerlicher Überhitzung bewahren. Die beiden Ausstülpungen formen zudem auch zwei perfekt geschützte Loggien mit wunderbarem Ausblick auf die Salzburger Landschaft und bilden ferner das schützende Vordach für die darunter liegende Wohn-, Ess- und Kochebene.

INNERE GRÖSSE DURCH LICHT UND OFFENHEIT

Neben den großen südlichen Glasflächen leisten auch die Dachflächenfenster einen wichtigen Beitrag zur Belichtung, welche zusammen mit den offenen Grundrissen eine für Doppelhäuser dieser Größenordnung erstaunliche Raumwirkung erzeugt. Das weiche Licht von oben wird über die Treppe, die ohne Setzstufen auskommt, auch in den beiden unteren Geschossen verteilt. Auch im Loggia-Geschoss, das ansonsten das Kinderzimmer und das Schlafzimmer der Eltern beherbergt, ist auf die Beibehaltung der offenen Raumwirkung geachtet worden. Dort blieb sogar noch Platz

Linke Seite und unten: Ansichten des Doppelhauses von Westen mit den sonnenexponierten, aber doch durch Überstände perfekt geschützten Südseiten.

für die Einrichtung eines wundervollen Arbeitsplatzes direkt am Fenster. Insgesamt herrscht also alles andere als die für solche flächenmäßig kleinen Sparhäuser oft als typisch angesehene Atmosphäre der Enge!

KOSTENEINSPARUNG IM GROSSEN WIE IM KLEINEN

Neben den Vorteilen des Doppelhauses mit seinen geringen Baumassen und der sehr kompakten Kubatur leisteten weitere Faktoren einen wichtigen Beitrag zum Spar-Erfolg. Die gewählte Holz-Riegel-Bauweise ermöglichte aufgrund der exakt geplanten Vorfertigung sowie der engen und erfolgreichen Zusammenarbeit mit der Zimmerei eine extrem kurze Bauzeit von nur elf Wochen bis zum Einzug, die unter anderem wegen bestehender Mietverträge genau eingehalten worden ist. Sowohl die kostenoptimierten Außenwände mit dem Tragwerk, der Aussteifung aus OSB-Platten und der zwei Zentimeter starken Lärchenstülpschalung als auch die Decken aus Kreuzlagenholz und das Dach samt Dämmung sind bereits in der Werkstatt als Einheiten montiert worden, wobei sich die relativ geringe und damit günstige Deckenstärke von vierzehn Zentimetern aufgrund der vorliegenden geringen Spannweiten realisieren ließ. Die Leimholzdecken bilden gleichzeitig die Untersicht.

Oben und oben rechts: Die vom Garten aus ebenerdig zugängliche Wohn-, Ess- und Kochebene. Die Küche ist aus blau beschichteten Multiplex-Platten gefertigt.

Rechts Mitte: Blick von der Treppe bis in den Garten.

Rechts: Der Einsatz von Multiplex-Platten als Tritte, der Verzicht auf Setzstufen und Stahlseile als Füllungen sparten Kosten bei hoher ästhetischer Klasse.

BAUDATEN

Standort: Land Salzburg (Österreich)
Bauzeitraum: 2002 (11 Wochen)
Grundstücksgröße gesamt: ca. 575 m²
Wohn- und Nutzfläche je Doppelhaushälfte: ca. 111 m², zuzüglich je ca. 22 m² Terrasse und ca. 5,5 m² Balkon (Loggia)
Bruttorauminhalt (BRI) je Doppelhaushälfte: ca. 528 m³
Gesamtkosten brutto je Doppelhaushälfte (inklusive Nebenkosten und Steuern, inklusive Terrasse): ca. 151.000 Euro zuzüglich Architektenhonorar (ca. 10.000 Euro)
Kosten senkende Faktoren: sorgfältige Planung, Begleitung und Kontrolle der Bauabläufe, sehr kurze Bauzeit durch Vorfertigung, sehr kompakter Baukörper, sehr gut nutzbarer Grundriss, durch Bautypus Doppelhaus bedingte geringere Baumassen, großenteils offener Raumzusammenhang mit wenigen Innenwänden und -türen, gerade Treppenläufe, Minimierung der Erschließungsflächen, optimale Raumausnutzung, kostengünstige Materialien und Bauprodukte (z.B. Multiplex-Platten, handelsübliche Türblätter / Zargen, Fenster, Edelstahl-Spannseile für Brüstungen), überwiegend Festverglasungen, ansonsten Verzicht auf Kipp- und Schiebefunktion, kostengünstige Konstruktionen (z.B. Decken, Außenwände), viele einheitliche Formate und Produkte (z.B. Tragwerk, Fenster), Flachdach mit Bitumenabdichtung, sparsame Sanitär- und Elektroplanung / kurze Leitungswege, günstiges Heizsystem (Gas-Brennwerttherme, passive Nutzung der Solarenergie über Glasflächen), Eigenleistung (ca. 10% der Handwerkerleistungen), ferner gemeinschaftlicher Grundstückserwerb
Heizenergiebedarf / Jahr (LEK-Wert 23) je Doppelhaushälfte: ca. 33 kWh/m²

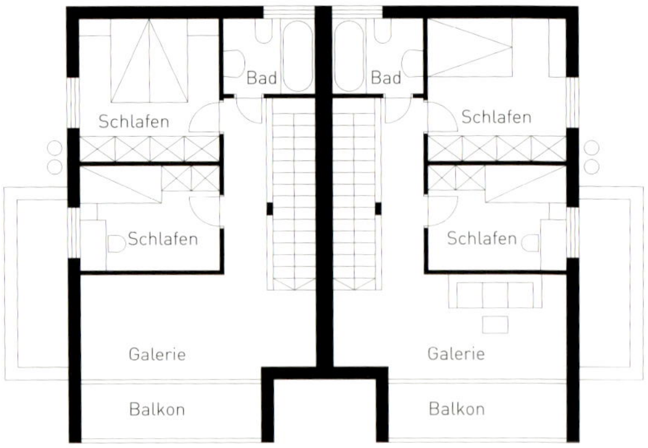

Obergeschoss

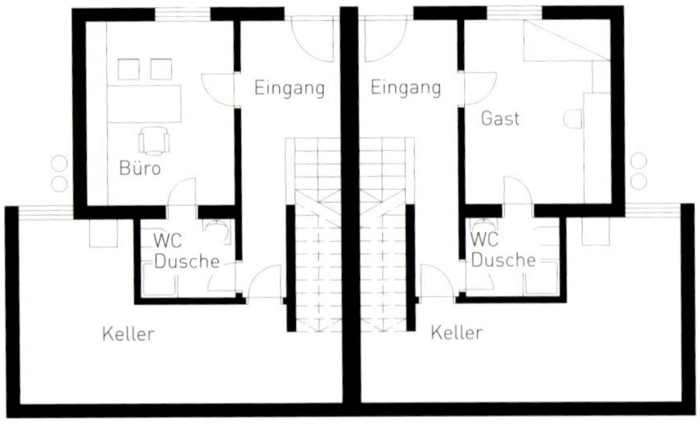

Untergeschoss

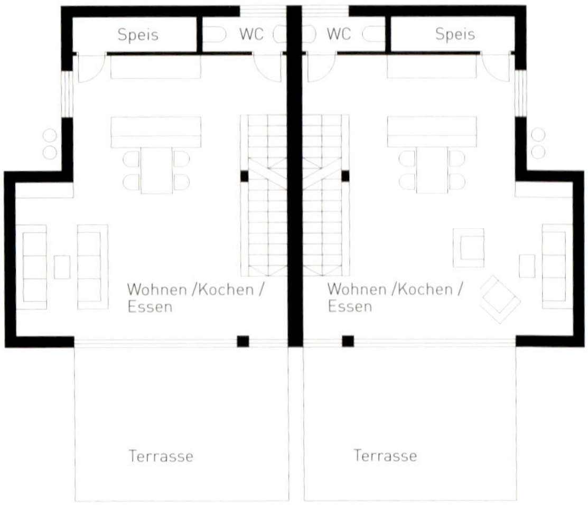

Grundriss Erdgeschoss

Im Obergeschoss entstand bei der Balkon-Loggia ein herrlicher Sitzplatz.

Ansicht von Nordwesten.

Eigenleistung konnte vor allem beim Innenausbau eingebracht werden. Man achtete konsequent darauf, günstige und gute Produkte zu verwenden, beispielsweise massives Industrieparkett, Multiplex-Platten für die Treppenstufen wie auch für die Arbeitsplatten in der Küche, Fertig-Türblätter und -Zargen sowie günstige weiße Fliesen. Die Geländer beziehungsweise Brüstungen von Treppe und Balkon konnten durch die Verwendung vorgefertigter Edelstahl-Spannseile um etwa 50 Prozent verringert werden! Auf teure Sonderwünsche ist konsequent verzichtet worden. Ein hoher ökonomischer wie auch ökologischer Mehrwert ergab sich zudem aus der Verwendung von Bauholz, das aus der unmittelbaren Nähe stammt, aufgrund der geringeren Transportwege damit günstiger und auch umweltverträglicher ist.

Dieses Doppelhaus-Projekt besitzt eine höchst individuelle und spektakuläre äußere Form, ohne dass damit wie bei anderen seiner Art die Kosten in die Höhe geschnellt wären. Vielmehr sind hier die Vorteile des Bautypus ausgereizt und zusätzlich viele zusätzliche, innovative Einsparmöglichkeiten realisiert worden. Bei dem erreichten extrem günstigen Gesamtpreis muss zudem bedacht werden, dass darin die notwendigen teuren Hangsicherungsmaßnahmen mit Stützwänden aus wasserundurchlässigem Beton (WU-Beton) bereits enthalten sind.

198.000 EURO

KLEINE KUBATUR MIT SPANNENDER RAUM-INSZENIERUNG

Kompaktes Passivhaus in Oberbayern

Planung: Gernot Vallentin Architekt, Dorfen

Günstig zu bauen ist schwer genug. Ein günstiges Passivhaus zu bauen, ist noch viel schwieriger, zumal für das Erreichen dieses Energiestandards gemeinhin um 10 bis 20 Prozent höhere Baukosten als für das Standard-Haus veranschlagt werden müssen. Gernot Vallentin hat nicht nur das Sparziel erreicht, sondern dem auch noch den Mehrwert einer außergewöhnlichen Architektur hinzugefügt.

LOFTARTIGE VIELGESTALTIGKEIT IN FORM UND RAUMERLEBEN TROTZ LOW-BUDGET-MATERIALIEN

Obgleich in einem ganz normalen Neubaugebiet gelegen und damit auch den strengen Auflagen des Bebauungsplans unterworfen, entstand das Gebäude aus der freien Interpretation der Vorgaben. Zum Formenkanon zählen die ungleichmäßig abfallenden Dächer aus günstigen Aluminium-Wellplatten ebenso wie die leuchtend orange markierten, skulptural ausgeformten Einschnitte im Bereich der Fassadenöffnungen und die Ausstülpung vor der südseitigen Verglasung, die die Terrasse umfasst und ihr einen privaten Rahmen gibt. Solche im traditionellen Umfeld ungewohnten Elemente gewinnen durch die direkte Gegenüberstellung mit der unbehandelten, mit zunehmender Zeit vergrauenden Lärchenholzfassade besondere Spannung. Im Inneren setzte man OSB-Platten als durchgehenden Werkstoff für Böden, Wände und Decken ein und interpretierte so das Innere als einheitliche Raumskulptur. Im Obergeschoss ist mit den teils asymmetrischen Lineaturen und Flächen sowie den großen Raumhöhen ein wahrhafter Erlebnis-Raum entstanden, der mehrere offen ineinander übergehende Wohnbereiche umfasst und sogar Platz für eine Indoor-Golfanlage bietet Das jetzt von ein bis zwei Personen genutzte Haus ist so geplant, dass mit minimalem Aufwand auch zusätzliche Räume für eine zwei- bis vierköpfige Familie entstehen könnten. Die meisten untergeordneten Funktionen wie Lager, Haustechnik und WC sind auf der Nordseite konzentriert und eher knapp dimensioniert, sodass auf beiden Ebenen große, loftartige Räume entstehen konnten. Auch ansonsten ging man planvoll mit dem eigentlich eher begrenzten Raum um, indem benötigte Abstellfläche beispielsweise in den Carport integriert wurde.

Links und rechte Seite: Die vielgestaltig in die Kubatur gefügten Fenster- und Türöffnungen bilden Blickfänge und harmonieren dabei bestens mit der jetzt hellbraunen, später grauen Holzfassade. Während der Eingang trichterartig eingeschnitten ist, wirkt der Terrassenbau wie die einer Loggia ähnliche Fortsetzung des Wohnens im Freien.

Linke Seite und rechts: Das weithin ohne trennende Wände auskommende Obergeschoss lebt von seiner Offenheit und von den spannungsvoll gestalteten geometrischen Flächen der Decken und Wände.

GÜNSTIGES MATERIAL + EINFACHER AUFBAU = DOPPELTER SPARERFOLG

Die an Honig erinnernde Farbe wie auch die natürliche Anmutung der OSB-Platten als extrem günstigem Holzwerkstoff sorgen ohne weitere Behandlung für eine warme, behagliche Atmosphäre. Der Kostenvorteil entsteht hier übrigens nicht nur daraus, dass er deutlich weniger kostet als alternative Boden-, Wand- und Deckenoberflächen, sondern auch durch die Einsparung zusätzlicher Aufbauschichten und damit Arbeitsgänge: Hier ist der Unterboden gleich dem Bodenbelag. Und in diesem Fall war für den Bauherrn aufgrund der sehr einfachen Verlegetechnik auch die Ausführung der damit verbundenen Trockenbauarbeiten in Eigenleistung möglich.

PASSIVHAUSTECHNIK À LA LOW-BUDGET-HAUS

Dem Architekten wie auch dem Bauherrn war ungeachtet des begrenzten Budgets das Erreichen des Passivhausstandards sehr wichtig, zumal hierfür über die KfW-Bank besondere finanzielle Förderungen nutzbar gemacht werden können. Um den finanziellen Aufwand im Rahmen zu halten, entschied man sich für die sinnvolle Kombination von optimaler Dämmung, kontrollierter Wohnraumbe- und entlüftung mit Erdvorerwärmung, Gas-Brennwerttherme, neun Quadratmeter umfassenden Solarkollektoren und natürlich passiven Wärmeeinträgen über die großen südlichen Verglasungen. Diese wurden nach ihrem energetischen Nutzen dimensioniert und aus Kostengründen nicht als Übereckverglasungen ausgeführt.

Das Erfolgsrezept lautete hier, ein kompaktes Wohnhaus ohne Keller mit dennoch großzügiger Raumwirkung zu schaffen, indem die kleine Fläche durch einen sehr guten Grundriss optimal inszeniert und alles Überflüssige weggelassen wurde – und all dies obendrein in Passivhaustechnik, was extrem günstige Kosten im laufenden Betrieb bedeutet.

Alle: Ebenso wie im Obergeschoss finden sich auch auf der unteren Wohnebene honigfarbene OSB-Platten als Wand- und Bodenbeläge – einer von zahlreichen Gründen für die Einhaltung des knappen Kostenrahmens.

Links: Der orangefarben hervorgehobene Terrassenanbau greift über das Hauseck aus und fügt der Architektur ein weiteres Spannungsmoment hinzu.

Links unten: Blick vom Treppenabsatz in die beiden Geschosse.

BAUDATEN

Standort: Dorfen/Oberbayern
Bauzeitraum: 2009–2010 (7 Monate)
Grundstücksgröße: ca. 452 m²
Wohnfläche: ca. 126 m², zuzüglich ca. 10 m² Terrasse
Bruttorauminhalt (BRI): ca. 404 m³
Gesamtkosten brutto (inklusive Honorare, Nebenkosten und Steuern, ohne Carport): ca. 198.000 Euro
Kosten senkende Faktoren: sorgfältige Planung, Begleitung und Kontrolle der Bauabläufe, optimierter Entwurf (einfache und effektive Detaillierung), sehr kompakter Baukörper, Verzicht auf einen Keller, sehr gut nutzbarer Grundriss, großenteils offener Raumzusammenhang mit wenigen Innenwänden und -türen, gerade Treppenläufe, Minimierung der Erschließungsflächen, optimale Raumausnutzung, kostengünstige Materialien und Bauprodukte/kostengünstige Konstruktionen und Aufbauten (z.B. OSB-Platten, Lärchenholzfassade), überwiegend Festverglasungen, sparsame Sanitär- und Elektroplanung/kurze Leitungswege, günstiges Heizsystem (Gas-Brennwerttherme, Solarkollektoren, kontrollierte Wohnraumbe- und entlüftung, passive Nutzung der Solarenergie über Glasflächen), in Carport integrierter Abstellraum, schlichte Gestaltung der Außenanlagen (Kiesflächen, Rasen), Eigenleistung (ca. 5% der Handwerkerleistungen)
Heizenergiebedarf/Jahr (nach PHPP): 15 kWh/m² (Passivhausstandard)

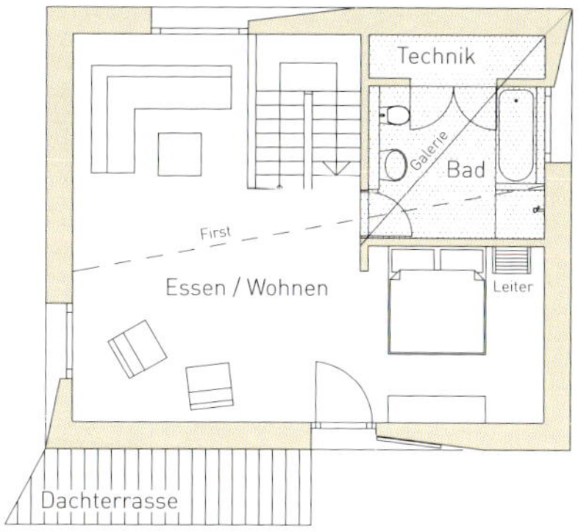

Obergeschoss

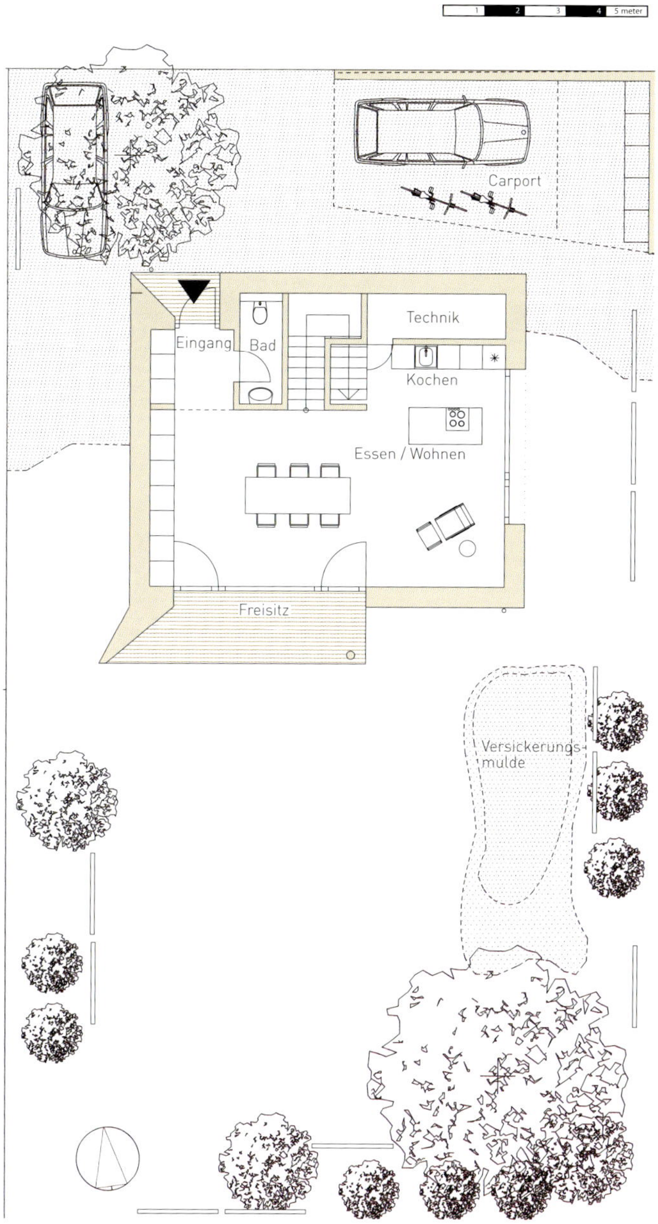

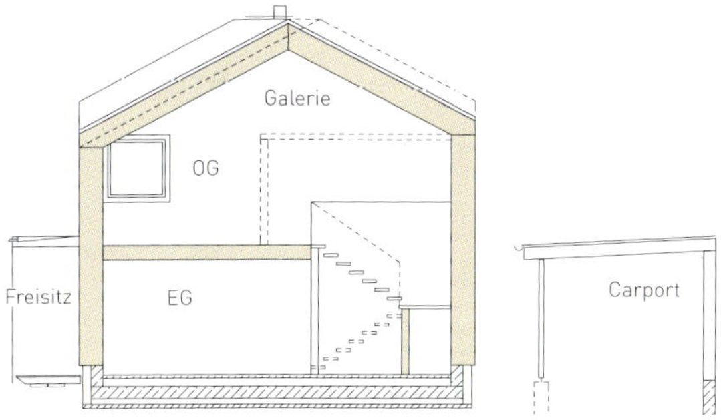

Schnitt

Grundriss Erdgeschoss

217.000 EURO

BARRIEREFREIES WOHNEN MIT GERINGEM AUFWAND

Ein altersgerechtes Passivhaus im Raum München

Planung: Gernot Vallentin Architekt, Dorfen

Wie für viele ältere Menschen stellte sich auch für das Ehepaar Vallentin das Problem, ein genau auf ihre veränderten Bedürfnisse angepasstes Wohnmodell zu finden, ohne sich mit unbefriedigenden und teils auch überteuerten Teillösungen abfinden zu müssen. Da man die Fachkenntnis des eigenen Sohnes nutzen konnte und ohnehin näher zur Familie ziehen wollte, die östlich von München wohnt, war ein Neubau die naheliegende Lösung.

WOHNEN AUF EINER EBENE MIT ÜBERDURCHSCHNITTLICHEM KOMFORT

Ausgangspunkt aller Überlegungen war der Wunsch der Bauherren, ganz anders als vorher im viergeschossigen Reihenhaus zu wohnen und ferner auch die Kosten deutlich zu senken. Das Konzept sah vor, alle wichtigen Funktionen im Erdgeschoss zu konzentrieren, um später die Notwendigkeit des Treppensteigens zu umgehen. Im kleineren Obergeschoss befinden sich daher nur der Gäste- und der Arbeitsbereich, wobei Letzterer jederzeit in die großzügig dimensionierte untere Ebene verlegt werden kann, sowie der extensiv begrünte südlich orientierte Dachgarten mit den Solarkollektorfeldern. Da die schmale Südseite zur Straße orientiert ist, richtet sich das Haus ansonsten ganz nach Westen, wo ein geschützter Sitzplatz und ein Schwimmteich mit Tauchbecken – als Ergänzung zur Sauna – keine Wünsche offen lassen. Innen- und Außenraum sind schwellenlos verbunden, sodass die Bewegungsabläufe zu Fuß oder später gegebenenfalls auch einmal im Rollstuhl bestmöglich funktionieren. Um unnötigen Pflegeaufwand zu vermeiden, ist im Garten nur eine kleine Rasenfläche angelegt worden.

Links: Blick von Westen auf den zweigeschossigen Teil des Hauses. Die Außenhaut besteht aus einem visuell ansprechenden, jedoch sehr günstigen Kunststoff-Vlies. Rechts ist über die Terrasse der Wohnraum im Erdgeschoss zugänglich.

Rechte Seite oben: Die Ansicht von Osten mit der Eingangsseite. Grün abgesetzte Fassadenbereiche lockern die Gesamterscheinung der Fassade auf und strukturieren sie. Der Carport wurde gestalterisch als immanenter Teil der Architektur interpretiert.

Rechte Seite unten: Blick vom extensiv begrünten Flachdach mit den Solarmodulen zum Büro im Obergeschoss und hinunter zu Terrasse und Schwimmteich. Die bewusst knapp bemessenen Gartenflächen sind optimal ausgenutzt und bieten bei durchgehender Barrierefreiheit einen hohen Erlebniswert.

Faszination Bauernhaus

Oben beide: Die gefaltete Treppe – in konventioneller Ausführung normalerweise ein ausgesprochen teures Stück – wirkt als raffinierte Skulptur im Raum.

Linke Seite: Wohnen, Essen und Kochen sind ganz nach dem Wunsch der Bewohner in einem Raumzusammenhang vereinigt. Links der Durchgang zum Schlafzimmer und die Treppe ins Obergeschoss.

Kosteneffizienz im Betrieb ergab sich aus der Planung im Passivhausstandard, der mittels entsprechender ökologischer Dämmung, sehr guter Luftdichtheit, Pelletheizung, kontrollierter Lüftungsanlage, Solarkollektoren und in gewissem Umfang auch der passiven Solarwärmenutzung erreicht worden ist.

GÜNSTIGES KLEID FÜR INNEN UND AUSSEN

Da das Konzept mit einer vollwertigen Wohnebene ohne Treppensteigen feststand, war der Verzicht auf einen Keller vorgegeben. Der Raumbedarf des Ehepaars ist mehr als gedeckt, im großen Wohn-, Ess- und Kochbereich sind sogar noch Raumreserven vorhanden. Den angenehmen Hinter- und Untergrund für diese Wohnlandschaft bilden günstige OSB-Platten, die ohne weitere Beläge und Oberflächen auskommen. Lediglich im Bereich von Vorwandinstallationen und Leitungen wurde eine zweite Verschalungsebene notwendig.
Im Bereich der Fassade ist ein anderes Material für den Haupt-Spareffekt verantwortlich: ein farbiges Textilvlies. Dieses wird mittels Edelstahlschrauben auf die darunter montierte Lattung aufgebracht. Einige Bereiche sind mittels grasgrün beschichteter, ebenfalls sehr günstiger Holzwerkstoffplatten abgesetzt.

Das Haus der Familie Vallentin weist eine bemerkenswerte Architektur zum außergewöhnlichen Preis auf. Die Bauherren fühlten sich in den neuen vier Wänden auf Anhieb wohl. Sie hatten auch keinerlei ästhetische Anpassungsschwierigkeiten, sondern wissen die Vorzüge der barrierefreien Planung und der wunderschönen Innen-Außen-Beziehungen sehr zu schätzen.

BAUDATEN

Standort: Dorfen/Oberbayern
Bauzeitraum: 2008–2009 (5 Monate)
Grundstücksgröße: ca. 480 m²
Wohnfläche: ca. 163 m², zuzüglich ca. 46 m² Terrassen
Bruttorauminhalt (BRI): ca. 606 m³ (ohne Carport)
Gesamtkosten brutto (inklusive Honorare, Nebenkosten und Steuern, inklusive Carport, Teich und Außenanlagen): ca. 217.000 Euro
Kosten senkende Faktoren: sorgfältige Planung, Begleitung und Kontrolle der Bauabläufe, optimierter Entwurf (einfache und effektive Detaillierung), Vorfertigung, kompakter Baukörper, Verzicht auf einen Keller, sehr gut nutzbarer Grundriss, großenteils offener Raumzusammenhang mit wenigen Innenwänden und -türen, gerade Treppenläufe, günstige Treppenkonstruktion, Minimierung der Erschließungsflächen, optimale Raumausnutzung, kostengünstige Materialien und Bauprodukte / kostengünstige Konstruktionen und Aufbauten (z.B. OSB-Platten, Textilfassade, Holzwerkstoffplatten für Fassade), überwiegend Festverglasungen, sparsame Sanitär- und Elektroplanung/kurze Leitungswege), Eigenleistung (ca. 5% der Handwerkerleistungen)
Heizenergiebedarf/Jahr (nach PHPP): 15 kWh/m² (Passivhausstandard)

Blick vom Carport zum Hauseingang.

Rechte Seite beide: Haus, Terrasse und Schwimmteich mit Tauchbecken formen eine funktionale und gestalterische Einheit. Durch die Holzlamellenwände ist dieser Bereich wirkungsvoll vom Umfeld und vom Straßenraum abgeschirmt.

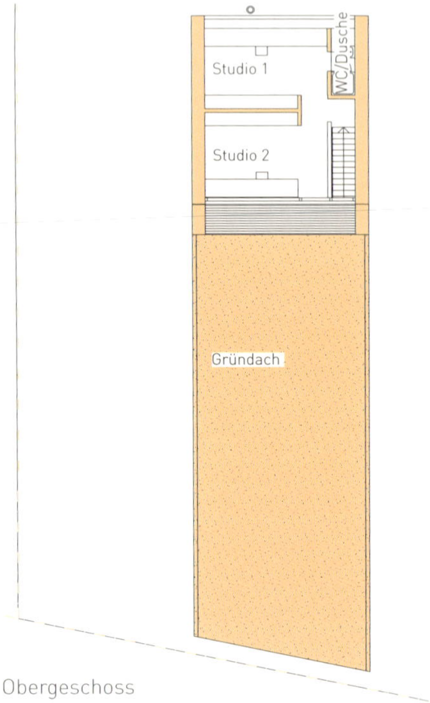

Obergeschoss

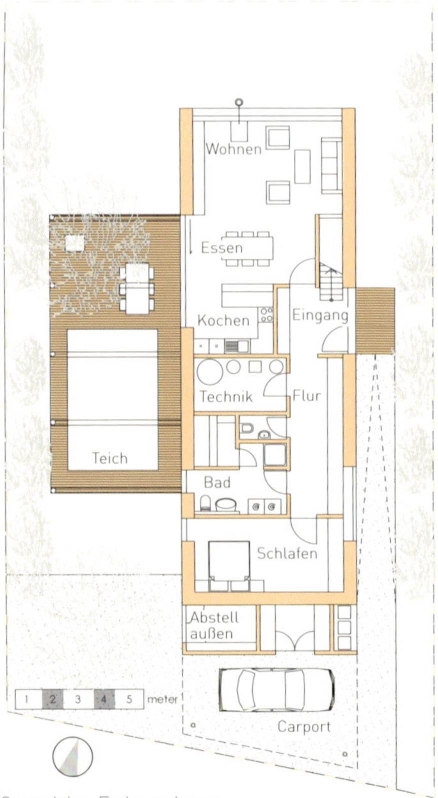

Grundriss Erdgeschoss

DOPPELT GEBAUT, DOPPELT GÜNSTIG

Zwei fast identische Familien-Häuser bei Bregenz

Planung: Univ. Prof. Architekt Walter Unterrainer, Feldkirch (Österreich)

Walter Unterrainer als einen der herausragenden Architekten Vorarlbergs zu bezeichnen, ist sicherlich nicht zu hoch gegriffen. Seit Jahren setzt er, der auch eine Professur im dänischen Aarhus innehat, Maßstäbe für bodenständig innovatives und energieeffizientes Bauen im österreichischen Vorzeige-Bundesland. Neben verschiedensten öffentlichen und gewerblichen Bauten ist ihm der Bau von Wohnhäusern seit jeher ein besonderes Anliegen, in diesem Fall in der Variante zweier nahezu identischer Einfamilienhäuser für kleine Familien.

HOCHWERTIGE ARCHITEKTUR IM SPARPAKET

Dass höhere Stückzahlen einheitlicher Bauteile, die zeitlich parallel am gleichen Ort montiert werden können, die Baukosten positiv beeinflussen, ist bekannt. Walter Unterrainer machte sich dies zunutze, indem er am Rand von Bregenz auf einem schwierig geschnittenen Grundstück ein Doppelhaus der besonderen Art projektierte: Gemeinsam erschlossen und errichtet, entstanden doch zwei völlig eigenständige und frei stehende Einfamilienhäuser. Die beiden Bauherrschaften konnten durchaus Sonderwünsche einbringen, jedoch wurden die Gebäude am Ende doch weitgehend identisch gebaut, Abweichungen ergaben sich vor allem in der Ausgestaltung des Grundrisses.

Die Familie Dehmke ließ sich schnell von der ebenso ansprechenden wie günstigen Architektur überzeugen. Für ihren Drei-Personen-Haushalt inklusive der Tochter war die kompakte Kubatur komplett ausreichend, der Keller stellte für das Musiklehrer-Ehepaar einen wichtigen Mehrwert dar. Im betonierten, als wasserdichte Wanne ausgeführten Untergeschoss fand zusätzlich die ebenfalls dringend gewünschte Werkstatt Platz. Und das eigene handwerkliche Können konnte dank des für Eigenleistung prädestinierten Bausystems auch gleich während der Bauphase beim Anbringen der Terrassenbeläge und im Innenausbau sinnvoll eingesetzt werden. Gerade die außerordentlich günstigen, statisch aussteifenden und bei entsprechender Qualität und Behandlung auch im Außenbereich lange haltbaren OSB-Platten halfen, beträchtlich günstiger zu bauen als bei konventionellen Fassadensystemen. Beide Häuser erhielten einen schützenden hellgrauen Anstrich, der nach über vier Jahren noch keinerlei Abwitterung zeigt. Ebenso entscheidend für die geringen Gesamtkosten war die detailgenaue Planung des hoch kompakten, würfelähnlichen Baukörpers, dessen Außenwände nach den Vorgaben des Architekten in der Werkstatt vorgefertigt wurden, sowie die gewissenhafte Baubegleitung und -kontrolle durch den Planer. Aufgrund der hervorragenden Vorgaben war sogar eine energetisch

Links: Ansicht der beiden außergewöhnlichen »Einfamilien-Doppelhäuser«, die gegeneinander »verdreht« sind und so das Grundstück besonders gut nutzen.

Rechte Seite: Ansicht von der Straßenseite mit dem Haupteingang (rechts) und dem Terrasseneingang über die Außentreppe.

hoch effiziente und bauphysikalisch sinnvolle Dämmung aus eingeblasenen Zelluloseflocken machbar. Ökologisch und sparsam zugleich zeigen sich die Gebäude auch insofern, als das gesamte Regenwasser direkt auf dem Grundstück versickert, hierfür keine Abwasseranschlüsse benötigt und die Kanäle nicht belastet werden. Auch sonst achtete man bei der Haustechnik auf sinnvolle und günstige Lösungen, beispielsweise in Gestalt eines Heizsystems, dessen Komponenten in passiven solaren Wärmegewinnen über die Glasscheiben, einer kontrollierten Be- und Entlüftung mit Wärmerückgewinnung und einem im Wohnraum platzierten Holzpellet-Ofen als Zentralheizung bestehen. Letzterer besitzt ein aufgesetztes Pellet-Lager, das finanziell aufwändige Lagerbehälter und Beschickungstechniken überflüssig macht. Bei wenigen hundert Euro Heizkosten im Jahr ist dies eine ausgesprochen sinnvolle Lösung mit bestem Kosten-Nutzen-Verhältnis.

WOHNLICHES INNENLEBEN OHNE ABSTRICHE AM KOMFORT

Die höchst angenehme und warme Anmutung der Innenräume lebt von den Fichtendielenböden, den Holztreppen sowie den sichtbar belassenen Massivdecken aus Kreuzlagenholz, was wiederum Kosten für Verschalungen beziehungsweise abgehängte Decken spart. Als sachlichen Gegenpart setzte man dem im zentralen Wohnbereich weiße Wände aus Gipsfaserplatten entgegen, in untergeordneten Bereichen griff man als Wandverschalung auf unbehandelte OSB-Platten zurück. Das Raumklima ist zu allen Jahreszeiten exzellent, gegen Überhitzung schützen neben der guten Dämmung und dem Lüftungssystem auch außen liegende, elektrisch gesteuerte textile Verschattungen.

So kompakt das Haus und die Wohnfläche insgesamt sind, so günstig die Baukosten waren, so großzügig wirkt doch dank des perfekten Grundrisses, gekonnter Blick-Inszenierungen und großer Verglasungen das Innenleben des Hauses. Zur Nachahmung empfohlen!

Linke Seite: Das Erdgeschoss gewinnt visuelle Großzügigkeit durch die großen Glasflächen und Nutzbarkeit durch die vom Architekten entworfenen Einbaumöbel.

Rechts oben: Blick durch die Küche zum Essplatz.

Rechts: Wertige, aber preisgünstige Fichtenböden, -decken und -dreischichtplatten prägen den Innenraum. Links der Pelletofen mit dem Vorratsaufsatz.

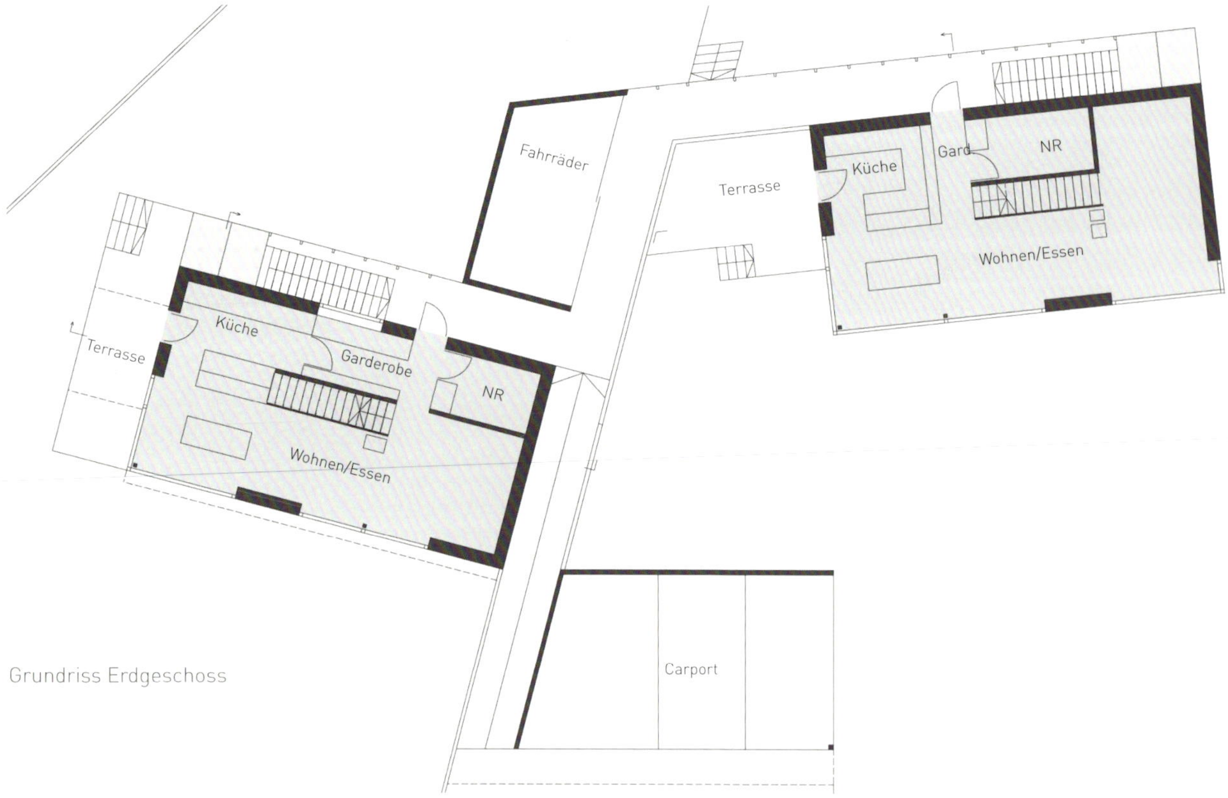

Grundriss Erdgeschoss

Unten links: Ein gemeinsamer, gedeckter Steg-Durchgang, der die Bootsstege des nahen Bodensees zitiert, verbindet die Gebäude. OSB-Platten dienen als Beplankung.

Unten: Gesamtansicht von Südwesten.

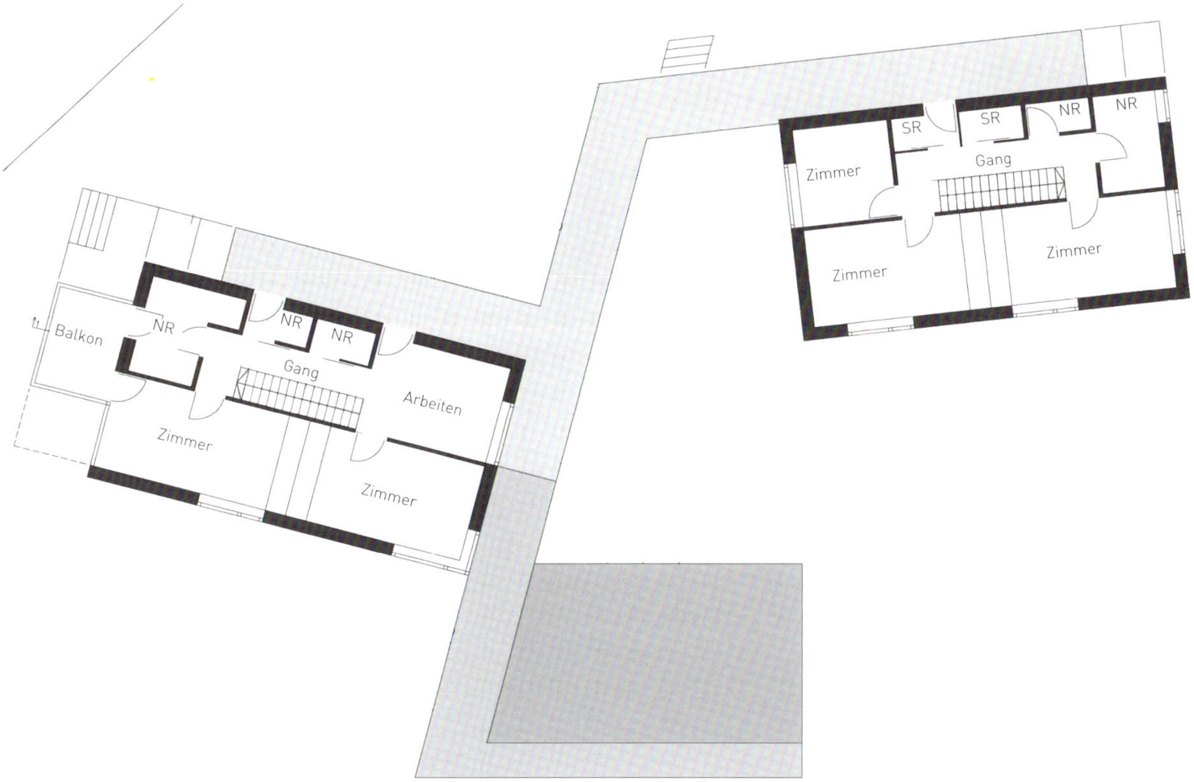

Obergeschoss

BAUDATEN

Standort: Bregenz/Vorarlberg (Österreich)
Bauzeitraum: 2006 (6 Monate)
Grundstücksgröße: je ca. 770 m²
Wohn- und Nutzfläche: je ca. 139 m² (inklusive Untergeschoss), zuzüglich ca. 20 (??) m² Terrassen
Bruttorauminhalt (BRI): je ca. 616 m³
Gesamtkosten brutto (Haus 1, inklusive Honorare, Nebenkosten und Steuern, inklusive Keller, ohne Anbau/Carport): ca. 220.000 Euro
Kosten senkende Faktoren: sorgfältige Planung, Begleitung und Kontrolle der Bauabläufe, sehr kompakter Baukörper, sehr gut nutzbarer Grundriss, im EG offener Raumzusammenhang mit wenigen Innenwänden und Innentüren, gerade Treppenläufe, Minimierung der Erschließungsflächen, optimale Raumausnutzung, durch gemeinsames Bauen mit nahezu identischen Abmessungen günstige Angebote der Handwerker, Vorfertigung der Außenwände, viele einheitliche Bauteile (z.B. Tragwerk, Fenster), kostengünstige Materialien und Bauprodukte/kostengünstige Konstruktionen und Aufbauten (z.B. OSB-Platten für Fassade, furnierte Fertigtüren mit Holzzargen), deckenhoch eingebaute Fenster, überwiegend Festverglasungen, sparsame Sanitär- und Elektroplanung/kurze Leitungswege, Verzicht auf Regenwassereinleitung, relativ günstiges Heizsystem (dezentral beschickter Pelletofen, passive Nutzung der Solarenergie über Glasflächen), Eigenleistung (ca. 5% der Handwerkerleistungen)
Heizenergiebedarf/Jahr (nach PHPP): ca. 22 kWh/m²

Innenansicht des überdachten Eingangsstegs.

ANHANG

Der Autor steht für Leseranfragen gerne zur Verfügung:
Thomas Drexel
Autor und Architekturfotograf
Am Fladerlach 9
86316 Friedberg
Tel./Fax 08 21/ 6 07 08 74
thomas.drexel@t-online.de

ARCHITEKTEN- UND PLANER-VERZEICHNIS

AHAD Architekten
Scharnhorststraße 7
38104 Braunschweig
Tel. 05 31 / 7 07 55 37
kontakt@ahad-architekten.com
www.ahad-architekten.com

architekturbox ZT GmbH
Kärnten/Wien
Tel. +43 / (0)19 20 90 54
office@architekturbox.at
www.architekturbox.at

BauWerk-Architekten
Gustavstraße 2a
44137 Dortmund
Tel. 02 31 / 1 38 55 90
info@bauwerk-architekten.de
www.bauwerk-architekten.de

Büro für Architektur und Städtebau, Berlin
Martin Heberle, Christof Mayer
Karl-Marx-Allee 81
10243 Berlin
Tel. 0 30 / 20 63 47 70
www.heberle-mayer.de

Gerhard Blasisker Architekt
Fürstenweg 10
6020 Innsbruck
Humboldstraße 2 a
6067 Absam
Österreich
Mobil: +43 / (0)676 / 6 04 64 95
blasisker@aon.at
www.blasisker.com

Peter Fakler Architekt
Steufzger Straße 33
87435 Kempten
Tel. 08 31 / 96 07 99 15
www.architekturplusraum.de

Markus Hafner Architekt
Hafner Bau GmbH
Wildberger Straße 3
87657 Görisried
buero@hafner-bau.de
www.hafner-bau.de

Rainer Hoffmann Architekt
Müllerstraße 40
80469 München
Tel. 0 89 / 26 01 02 93
rh@hoffmann-architekt.eu
www.hoffmann-architekt.eu

Wilhelm Huber Architekt
Leiterberg 7 1/2
87488 Betzigau
Tel. 0 83 04 / 50 29
huber@architekturbuero-huber.de
www.architekturbuerohuber.de

K2 Architekten
Ritterstieg 3
37120 Bovenden
Tel. 0 55 94 / 80 48 64
info@k2architekten.de
www.k2architekten.de

Roland Niedermeier Architekt
Am Kaisergraben 33
87600 Kaufbeuren
Tel. 0 83 41 / 9 08 43 25
office@niedermeier-architekten.de

Ökologisches Bauen, Architekt Hanno Kapfenberger
Karlsfelder Straße 52
80995 München
Tel. 0 89 / 3 13 59 96
buero@hanno-kapfenberger.de
www.hanno-kapfenberger.de

Andreas Petermann Architekt
Am Breitle 2 a
86156 Augsburg
Tel. 08 21 / 2 40 18 37
info@andreaspetermann.de
www.andreaspetermann.de

(pfitzner moorkens) architekten
Bödekerstraße 85
30161 Hannover
Tel. 05 11 / 90 23 00
info@pfitzner-moorkens.de
www.pfitzner-moorkens.de

Thomas Pscherer Architekt
Jella-Lepman-Straße 41
81673 München
Tel. 0 89 / 43 67 09 79
thomaspscherer@arcor.de

Jens-Uwe Seyfarth Architekt
Striehlstraße 3
30159 Hannover
Tel. 05 11 / 47 39 78 78
info@s-architekt.de
www.s-architekt.de

Andreas Staudacher Architekt
Schillerstraße 40 c
80336 München
Tel. 0 89 / 3 09 05 39 96
info@bauluecke.com
www.bauluecke.com

Univ. Prof. Gerhard Steixner Architekt
Neubaugasse 8
1070 Wien
Österreich
Tel. +43 / (0)15 26 41 95
steixner@aon.at
www.steixner.com

Ulrich Stöckl Architekt
Stöckl Egger und Partner
Berthold-Pürstinger-Straße 5 a
5760 Saalfelden
Österreich
Tel. +43 / (0)65 02 26 16 45
office@s-e-p.at
www.s-e-p.at

Rainer Straub Architekt
Ritzenseestraße 14
5760 Saalfelden/
Strubergasse 7/1
5700 Zell am See
Österreich
Tel. +43 / (0)6 54 24 70 59
rainer.straub@aon.at
www.architekt-straub.at

Univ. Prof. Walter Unterrainer
Architekt
Marktgasse 17
6800 Feldkirch
Österreich
Tel. +43 / (0)5 52 27 46 84
Mobil: +43 / (0)67 67 76 42 84
office@architekt-unterrainer.com
www.architekt-unterrainer.com

Gernot Vallentin Architekt
Am Marienstift 12/
Unterer Marktplatz 1 a
84405 Dorfen
Tel. 0 80 81 / 95 57 45
info@vallentin-architektur.de
www.vallentin-architektur.de

ADRESSEN BERATUNG, FÖRDERUNG, UNTERNEHMEN

Architektenkammer Niedersachsen
Laveshaus
Friedrichswall 5
30159 Hannover
Tel. 05 11 / 28 09 60
info@aknds.de
www.aknds.de

Bundesamt für Wirtschaft und Ausfuhrkontrolle (BAFA)
www.bafa.de
Bauförderungen

Fachagentur Nachwachsende Rohstoffe e.V. (FNR)
Hofplatz 1
18276 Gülzow
Tel. 0 38 43 / 6 93 00
www.fnr.de
Bauförderungen

Konak Kunststoffverarbeitung
Lerchenfeldstraße 15
6890 Lustenau
Österreich
ahmet.kocagozeli@aon.at
www.konak-netze.com
Anbieter Textilvlies für Fassade

Kreditanstalt für Wiederaufbau (KfW)
www.kfw-foerderbank.de

www.bauarchiv.de
insbesondere www.bauarchiv.de/neu/baurecht/_baugenehmigung.htm
Umfassende Website zu den verschiedensten Bau- und Architekturthemen, unter anderem zum Thema Bauen + Geld (Baukosten, Honorarabrechnung, Fördermittel etc.)

www.baudoc.ch
Informationen zu verschiedensten Bauthemen in der Schweiz

www.bauen.de
Tipps und Hilfe unter anderem zu den Themen Finanzierung, Rechtsfragen und Vertragsgestaltung, Folgekosten, Baugeld-ABC; Finanzierungslexikon

www.baufoerderer.de
Beratungsforum für Bauherren (Baufinanzierung, Bauberatung, Baurecht, Baurechner für Fördermöglichkeiten etc.)

www.baulinks.de
Website mit zahlreichen Links zu Bezugsadressen für Baumaterial/Baustoffe, Preisangaben für Bauleistungen, Baukosten-Rechenmodelle zur Baukostenschätzung und Förderdatenbank

www.bauordnung.at
Verzeichnis der Bauordnungen der deutschen Bundesländer, der österreichischen Bundesländer und der Schweizer Kantone

www.baurechtscentrum.de
Vertragsmuster- und Vorlagensammlung, Bauherrentipps, Gesetze und Verordnungen zum (kostenpflichtigen) Downloaden

www.energyagency.at/esf/index.htm
Website mit Link zu Energiesparförderungen und Energieberatung in ganz Österreich, mit Verzeichnis der Ansprechpartner auf Bundes- und Landesebene

www.foerdermittelauskunft.de
Website über verfügbare Bau-Fördermittel

www.heimwerker-webverzeichnis.de
Unter anderem zahlreiche Arbeitsanleitungen und Informationen zu nahezu allen Aufgaben beim Hausbau

www.help.gv.at
Behördenübergreifende Plattform zu Amtswegen in Österreich – in der Rubrik »Bauen« unter anderem Informationen zu Baurecht und Bauordnung, Vorbereitung des Hausbaus, finanziellen Förderungen und Beihilfen

www.solarfoerderung.de
Informationen über verfügbare Solar-Fördermittel

DANK

Der herzliche Dank des Autors gilt allen Eigentümern und Architekten der im Buch vorgestellten Häuser, deren Mitarbeitsbereitschaft und teils auch ganz praktische Gastfreundschaft das Gelingen des Buches erst möglich gemacht haben. Der Architektenkammer Niedersachsen danke ich für wichtige Hinweise. Für das umsichtige Projektmanagement und Lektorat war Juliane Weinig verantwortlich, Susanne Ebersberger erstellte das wiederum sehr gelungene Layout. Programmleiter Roland Thomas brachte das Projekt zusammen mit dem Autor auf den Weg.

BILDNACHWEIS

Fotografien:
Archiv Architekten/Planer: Seite 22–29, 30–37, 48–49, 51 oben und unten, 120
Thomas Drexel, Friedberg/Bayern: Umschlag (alle), Seite 6, 9, 11, 18 oben und unten, 19, 38–42, 44–47, 50, 60–66, 68–75, 76–83, 84–89, 90–95, 96–102, 105–111, 112–118, 126–131, 132–137, 138–144, 146–151, 152–157
Haubitz + Zoche, München: Seite 104
Frank Hülsbömer, Berlin: Seite 52–59
Klemens Ortmeyer, Hamburg: Seite 16, 17, 20
Gerald Zugmann, Wien: Seite 121-124

Sämtliche Planzeichnungen und Renderings stammen von den jeweils genannten Architekten/Planern.

Alle in diesem Buch enthaltenen Informationen wurden mit größter Sorgfalt recherchiert und überprüft. Dennoch kann für etwaige Fehler von Seiten des Autors wie auch des Verlags keine Garantie oder Haftung übernommen werden.

LITERATURVERZEICHNIS

Thomas Drexel, Low Budget. Wohnhäuser unter 200.000 Euro, München 2007 (3. Aufl.)
Thomas Drexel, Lowest Budget. Häuser unter 125.000 Euro, München 2008 (2. Aufl.)
Thomas Drexel, Die neuen Öko-Häuser, Kostengünstig und zeitgemäß, München 2004
Thomas Drexel, Top 100 Häuser, Preiswert, individuell, zeitlos, München 2008 (3. Aufl.)
Achim Linhardt, Attraktiv bauen mit kleinem Budget, München 2008 (4. Aufl.)
Frank Littek, Richtig sparen beim Bauen. Der clevere Ratgeber für den preisgünstigen Hausbau, Taunusstein 2004

IMPRESSUM

FSC Mix
Produktgruppe aus vorbildlich bewirtschafteten Wäldern, kontrollierten Herkünften und Recyclingholz oder -fasern
www.fsc.org Zert.-Nr. GFA-COC-001575
© 1996 Forest Stewardship Council

Verlagsgruppe Random House FSC-DEU-0100

Das für dieses Buch verwendete FSC-zertifizierte Papier *Profisilk* liefert IGEPA.

1. Auflage

Umschlaggestaltung: Büro Klaus Meyer, München – Tabea Dietrich
Fotos Umschlag: © Thomas Drexel
Grafische Gestaltung und Herstellung: Susanne Ebersberger / DVA
Lithografie: Helio Repro, München
Druck und Bindung: Offizin Andersen Nexo, Leipzig
Printed in Germany
ISBN: 978-3-421-03596-7

www.dva.de